Jürgen Helfricht

Pfunds Molkerei

Der schönste Milchladen der Welt

Husum

Vorwort

Pausbäckige Putten, romantische Hirtenszenen und friedlich grasende Kühe – 247,9 Quadratmeter handbemalter Fliesen mit märchenhaft schönen Motiven von Villeroy & Boch entstanden 1892 für Pfunds Molkerei. Seit 100 Jahren als „Schönster Milchladen der Welt" gerühmt, fand dieser geniale Kosmos eines Genusshandwerks 1997 Aufnahme im Guinness-Buch der Rekorde. Kein Wunder, dass dieses Kleinod genauso zu den erstrangigen Touristen-Attraktionen der sächsischen Landeshauptstadt zählt wie die Dresdner Frauenkirche, das Residenzschloss oder der Zwinger mit den weltberühmten Museen und Schätzen. Jährlich Hunderttausende Gäste aus nah und fern lassen sich verzaubern vom einzigartigen Flair eines Traditionsgeschäfts, dem schon Schriftsteller Erich Kästner (1899–1974) in seinen Kindheitserinnerungen „Als ich ein kleiner Junge war" ein Denkmal setzte. Paul Gustav Leander Pfund (1849–1923), der mit sechs Kühen hinter einem Schaufenster begann und eine der damals führenden Molkereien Europas schuf, hinterließ hier das beeindruckende Zeugnis kühnsten Unternehmergeistes. Tauchen Sie mit diesem Büchlein in Entstehung und Rettung einer einzigartigen Sehenswürdigkeit ein. Erfahren Sie alles über das Schlemmerparadies für Käse-Liebhaber, welches bis heute die Einkaufskultur der „guten alten Zeit" konserviert.

Dr. Jürgen Helfricht

Pfiffige Idee – Milchkuranstalt mit sechs Kühen hinter Glas

Anno 1879 machte sich ein Ehepaar samt seinen drei Kindern aus Reinholdshain bei Dippoldiswalde auf den Weg ins rund 25 Kilometer entfernte Dresden: Paul Gustav Leander Pfund und Ehefrau Sophie Mathilde! Die Vision der Landwirts-Familie war es, der Enge des Dorfes mit knapp 400 Einwohnern am Erzgebirgshang zu entfliehen und Sachsens Residenz- und Landeshauptstadt durch eine Milchkuranstalt zu bereichern.

Paul Pfund erblickte am 18. November 1849 als jüngster Sohn des Likörfabrikanten August Friedrich Pfund (1811–1887) in Dresden das Licht der Welt. Vater August Friedrich war u. a. Besitzer einer Spritfabrik auf der Königsbrücker Straße und einer Bleiweißfabrik in Mickten. Die Familie väterlicherseits war stolz, ihre Ahnen seit dem 15. Jahrhundert ununterbrochen als hiesige Bürger nachweisen zu können. Weil er während der Revolution von 1849 wie Architekt Gottfried Semper (1803–1879) oder Kapellmeister und Komponist Richard Wagner (1813–1883) auf Barrikaden rund ums Schloss kämpfte und dann steckbrieflich gesucht wurde, emigrierte er nach Amerika, konnte die Taufe des jüngsten Sohnes in der Dreikönigskirche nicht miterleben. Bis zur Begnadigung ihres Gemahls durch Sachsens Königshaus führte seine Frau Bertha Clementine, geb. Fischer (1818–1878), die Unternehmungen selbst weiter. Bertha Clementines Vater Johann Georg Christian Fischer (1773–1860) war im Elbtal als Erbe des vermögenden schottischen Adligen James Ogilvy, 7. Earl of Findlater (1750–1811) bekannt. Wegen homosexueller Neigungen aus der Heimat ausgewiesen, hatte der Schotte östlich von Dresden das Herrenhaus Helfenberg sowie in Loschwitz Weinberge erworben, sich am Elbhang auch ein Palais errichtet. Auf den Grundmauern dieses Palais steht seit 1854 Schloss Albrechtsberg. Paul Pfunds Großvater, der sich später vermählte, war bis 1811 Findlaters Privatsekretär und wohl auch sein Lebensgefährte. Zumindest fanden beide in einer Gruft neben der Loschwitzer Kirche ihre letzte Ruhe.

Wie Bruder Friedrich August (1843–1883) besuchte Paul eine höhere Dresdner Privatschule. Während der Ältere nach einer Kaufmannslehre die Schauspieler-Karriere anstrebte, begann der jüngere Pfund 14-jährig auf dem väterlichen Gut Reinholdshain die Ausbildung zum Ökonomen, wie man damals den Beruf des Landwirts nannte. Die Familien-Historiographie berichtet, dass Paul als einjährig-freiwilliger Unteroffizier des Leibregiments Nr. 100 im Krieg gegen Frankreich am 18. August 1870 bei St. Privat wohl durch einen Granatsplitter schwer verwundet wurde. Sein Leben soll er einem amerikanischen Kriegsberichterstatter verdanken, der seinen Vater als Emigrant in Amerika kennengelernt hatte, den Sohn aus dem Feldlazarett in ein ziviles Krankenhaus rettete. Mit lebenslanger Pension von 24 Mark monatlich für seine Invalidität schied Paul Pfund aus dem Militärdienst aus, arbeitete erneut auf dem Gut und vermählte sich 1873 mit der Ruppendorfer Landwirtstochter Sophie Mathilde Zimmermann (1853–1891). Ihre Kinder hießen Wilhelm Albert Kurt (1874–1931), Mathilde Pauline Else (1875–1912), Anna Liddy (1877–1966), Mathilde Bertha (1878–1948), Max Friedrich (1881–1950) und Dorothea Char-

Likörfabrikant August Friedrich Pfund – der Vater des Molkereigründers

lotte (1884–1949). Die klug betriebene Landwirtschaft erbrachte solch großen Gewinn, dass Paul bereits 1874 seinem Vater das Gut abkaufen konnte. Während Mathilde eine Hühnerfarm einrichtete, begann er mit der Zucht Meißner Edelschweine. Man verschönerte das Anwesen, setzte sogar einen Uhrturm auf die Scheune.

Fünf Jahre später strebte er voller Tatendrang nach Höherem, nach einem

Paul Pfund und Ehefrau Sophie Mathilde mit ihren sechs Kindern um 1890

Geschäft in Sachsens Hauptstadt. Die Industrialisierung veränderte Dresden zu jener Zeit im Sturmschritt. Neue Firmen siedelten sich an, Stadtteile schossen aus dem Boden, die Bevölkerung wuchs rasant. Und damit der Bedarf nach landwirtschaftlichen Produkten. Rund 60 Milchhandlungen, die verschiedentlich auch Butter, Käse, Eier und sogar Gemüse anboten, existierten um 1879 in der Stadt mit etwa 220 000 Einwohnern. Sie wurden von Bauern und Rittergütern der Umgebung beliefert. Einfachste Regeln der Hygiene fanden jedoch noch nicht die notwendige Beachtung: „Schlecht gekühlt kam damals die Milch einmal am Tage in offenen Hand- oder gedeckten Planwagen, von Hunden und Pferden gezogen, nach Dresden. Als Rückfracht nahmen die ländlichen Einbringer alte Wäsche und Küchenabfälle usw. mit ... Mit Ausnahme von Frosttagen vielleicht war diese Milch dann auch meist recht sauer und für Kinder ungenießbar, denn Erwachsene tranken damals kaum Milch; sie genossen diese nur im Kaffee oder verkocht in Speisen und im Gebäck“, heißt es in einer alten Firmenschrift.

Blick vom Turm der Dreikönigskirche Richtung Elbe auf die sogenannte Innere Neustadt um 1880

Zu diesen trostlosen Zuständen mit Keimen belasteter Milch aus Holz- und Blechgefäßen gesellte sich ein fortwährender Betrug. Denn besonders Besitzer der Hundewagen, welche als Zwischenhändler fungierten und die Fracht über die sogenannte „Milchstraße" z. B aus dem Schönfelder Hochland nach Dresden transportierten, besserten durch Manipulation ihre Handelsspanne auf. Sie streckten Milch mit Bach- bzw. Brunnenwasser oder schufen sich durch Abschöpfung des Butterfettes, das „Abrahmen", ein lukratives Nebengeschäft. Mit mobilen Kontrollstellen an der „Milchstraße" versuchte die städtische Wohlfahrtspolizei vor allem an Markttagen dieses ungesetzliche Treiben zu erschweren. Dabei kam seit den 1860er Jahren als modernes Instrument bereits die Milchwaage zum Einsatz. Diese bestand aus einer Glasröhre, welche unten über einen teilweise mit Quecksilber gefüllten Bauch und oben über eine Skala verfügte. Je dünner die Milch, desto tiefer sank das Instrument ein. War die Milch so dünn wie Wasser, sank die Glasröhre bis zum Nullpunkt. Bei allerbester Milch zeigte die Skala 20 Grad. Der behördlich tolerierte Bereich lag zwischen 14 und 17 Grad.

Paul Pfund sah zuerst nicht allein in der Lieferung frischer, qualitätsvoller Milch seine Geschäftsidee. Mit den modernsten Methoden der Branche vertraut, wollte er sich sogar den aus der Schweiz kommenden Trend zunutze machen, der Milch als Medizin pries. Milchkuren, auch Molke- oder Molkenkuren genannt, wurden im 19. Jahrhundert von verschiedenen Ärzten und Laienbehandlern auf eine Stufe mit den Wirkungen von Heilwässern und Thermalquellen gestellt. Populär waren damals Molkenkuren gegen Lungenleiden wie Tuberkulose, gegen Gicht sowie bei Atemwegs– und Hautkrankheiten. Auch im Falle von Magen- und Darmbeschwerden riet man zu ihnen. Dresden genoss als Zentrum für alternative Heilverfahren hohes Ansehen. Da, wo die in Blüte stehende Wasserheilkunde viele Anhänger fand und die von Friedrich Adolph Struve (1781–1840) ersonnenen künstlichen Mineralwässer ihren Ursprungsort haben, hoffte Pfund auf Erfolg einer Milchkuranstalt. In der zur Dresdner Neustadt zählenden Bautznerstraße 71 hatte 1877 bereits der frühere Rittergutsbesitzer Otto Wille eine Milchkuranstalt errichtet. In deren Nähe wagte Pfund seinen unternehmerischen Neubeginn.

Mit Bedacht wählte er diesen rechtselbischen Teil. Früher als Altendresden bezeichnet und seit dem Mittelalter mit der linkselbischen Stadt Dresden durch eine Steinbrücke verbunden, wurden 1549 beide Teile administrativ vereint. Die Bezeichnung Neustadt geht auf ein kurfürstliches Patent von 1732 zurück. Damals nannte Friedrich August I., der Starke (1670–1733), den seit dem großen Brand von 1685 von ihm mit barocken Bauwerken wiederaufgebauten Stadtteil „Neue Stadt bey Dresden". Als Goldener Reiter ist der sächsische Herrscher, der zugleich König von Polen war, auf

Das alte Gut der Familie Pfund in Reinholdshain bei Dippoldiswalde

Patienten zwischen Kühen in der 1877 von Rittergutsbesitzer Otto Wille eröffneten Milchkuranstalt

dem Neustädter Markt zu bewundern. Während man diesen elbnahen Teil als Innere Neustadt bezeichnet, war die nördlicher gelegene Flur – Äußere Neustadt oder nach König Anton von Sachsen (1781–1836) Antonstadt genannt – ein Waldgebiet, das man erst 1745 in Parzellen aufteilte und durch Straßen erschloss. 1751 legten Juden hier ihren ältesten Friedhof in Sachsen an. Im 19. Jahrhundert siedelten sich immer mehr Betriebe wie eine Gießerei, eine Zichorienfabrik und eine Alaunfluss-Siederei an. Auch Dresdens Ruf als Mekka der Schokoladenherstellung ging mit der 1823 errichteten Chocolade- und Zichorienfabrik Jordan & Timaeus maßgeblich von der Neustadt aus.

Ihr Gut Reinholdshain verkaufend, siedelten Pfunds mit Sack und Pack, sechs Kühen und ebenso vielen Schweinen nach Dresden über. Der Geschäftsbetrieb begann am 4. Juni 1879, laut „Adreß- und Geschäfts-Handbuch der Königlichen Residenz- und Hauptstadt Dresden" von 1880 in der Antonstadt, genauer in der die Louisenstraße und den Bischofsweg verbindenden Waldgasse Nr. 5 (heute Görlitzer Straße). Wo im Vorjahr noch ein Hutmacher im Parterre des dreistöckigen Hauses arbeitete, war nun Paul Gustav Leander Pfund als „Productenhändler, auch Inhaber einer Milchcuranstalt" eingetragen. Sicher fasste das Paar neben der frisch von der Kuh weg angebotenen „Sanitätsmilch" zuerst ein breiteres Spektrum bäuerlicher Produkte ins Auge. Den Erfolg brachte dann die pfiffige Kombination aus Gläserner Molkerei mit Schautierhaltung und gutem Service. Vielleicht lag es daran, dass die ersten Industriearbeiter-Generationen vom Landleben nur noch wenig Ahnung hatten.

Der Gründungs-Mythos liest sich in der Schrift „Kommerzienrat Paul Pfund und sein Werk" von 1934 wie folgt: „… das unternehmungsfrohe Paar (fand) im Grundstücke eines Onkels die erste Unterkunft. Vom Verkaufsladen aus konnten die Kunden durch Glasfenster das Leben und Treiben im Stalle mit seinen bunten Kühen beobachten – ein die Städter anziehendes, idyllisches Bild! Dreimal täglich wurde gemolken und zweimal die durch Tücher geseihte und abgekühlte Milch den Verbrauchern auf Wunsch ins Haus gebracht oder direkt im Laden verkauft. Abnehmer waren am Anfang die Nachbarn, die Villenbewohner der Albertstadt, die Diakonissenanstalt, verschiedene Militärkantinen, staatliche und städtische Betriebe, Cafés, Restaurants usw. Der Kundenkreis wuchs von Tag zu Tag, die Milch aus eigener Kuhhaltung hatte kaum 4 Wochen gereicht und solche von landwirtschaftlichen Mustergütern, – Rittergut Seifersdorf bei Radeberg war das erste, – musste hinzugepachtet werden."

Zum realistischen Blick auf die verfügbare Milchmenge bei sechs Kühen im eigenen Stall gehört, dass ein Tier durchschnittlich 11 Liter pro Tag lieferte. Nach Angaben der Firma betrug der anfängliche Zukauf 120 Liter. Transportmittel waren zwei kleine Handwagen.

Die Geburtsstunde der „Dresdner Molkerei Gebrüder Pfund"

Innerhalb weniger Monate erwiesen sich die Geschäftsräume in der Waldgasse als zu eng, sodass man in die Bautznerstraße 41 umsiedelte. Der neue Standort war wesentlich günstiger. Befand er sich doch an der wichtigen Verkehrsader, welche die östlichen Vororte Dresdens sowie weitergefasst die Oberlausitz mit der Residenzstadt verband. Hier sollte bald vor der Haustür die Pferdebahn rattern, gab es unbebaute Flächen für eine Expansion. Tatsächlich kamen innerhalb der nächsten Jahrzehnte elf Grundstücke von etwa 14 000 Quadratmetern hinzu. Sogar vom Israelitischen Friedhof erwarb man für 3000 Mark eine Ecke Land. Und Paul Pfund verbündete sich mit seinem Bruder Friedrich, dem er vor seiner Übersiedlung das Gut Reinholdshain verkauft hatte. Der gelernte Kaufmann war einst zur Schauspielerei gewechselt, bewies an Theatern wie Görlitz, Wiesbaden oder dem Hamburger Thalia sein Talent. Nach Engagement als erster Charakterdarsteller des Meininger Hoftheaters wurde er sogar Königlich Sächsischer Hofschauspieler in Weimar. Doch zwangen ihn Gehör- und Lungenleiden, die Bühnenkarriere zu beenden.

Um ihr Unternehmen zu schmieden, errichteten beide am 9. September 1880 die „Dresdner Molkerei Gebrüder Pfund". Diese zeigten sie am 14. Dezember beim Königlichen Amtsgericht Dresden an, welches die neue Firma am 16. Dezember im Handelsregister, Blatt 3934, verzeichnete. Vom gleichen Tag stammt auch die Eintragung der Brüder als gleichberechtigte Inhaber der Molkerei. Der redegewandte, hochintelligente Kaufmann und der eher praktisch veranlagte, bauernschlaue Landwirt bildeten ein gutes Team, wohnten mit ihren Familien auf dem Betriebsgrundstück. 1881 zog auch ihr 70 Jahre alter verwitweter Vater August Friedrich Pfund, der all seine Unternehmungen verkauft hatte, zu ihnen. Als „Pfund's A. F. Nachf. Sprit-, Liqueur- u. Essigfabrik" existierten dessen Gründungen mit der noblen Adresse An der Frauenkirche 3 unter neuem Besitzer weiter. Von den letzten Lebensjahren des Seniors berichten die Annalen: „Friedrich

Pfund sen. war der Typ eines Altdresdner Patriziers, ein Original, der als Armenpfleger-Obmann nur im feierlichen Gehrock und Zylinder ausging, bereits um 11 Uhr vormittags zu Mittag, um 5 Uhr nachmittags zu Abend aß, um dann um 6 Uhr schon schlafen zu gehen. 2 Uhr nachts stand er auf und weckte mit fröhlichem Sange seinen Sohn und die wenigen Molkereigehilfen zu eifrigem Tun."

Von nur einem Sohn ist in den Annalen noch die Rede, da der ältere knapp drei Jahre nach Firmengründung 40-jährig verstarb. Paul Pfund war nun Alleininhaber, behielt den bereits arri-

1880 wurde im Geschäfts- und Molkereigebäude Bautznerstraße 41 die „Dresdner Molkerei Gebrüder Pfund" gegründet.

Kannenwäsche und Milchabfüllung in Flaschen im alten Stammhaus der 1880er Jahre

vierten Namen der Firma jedoch bei. Und wurde zum entscheidenden Impulsgeber eines unglaublichen Erfolgs. Verarbeitete man im Gründungsjahr täglich 500 Liter Milch, hatte sich die Menge im Folgejahr verdoppelt, 1882 sogar auf das Fünffache erhöht. 1884 bezog die Molkerei 4600 Liter und ein Jahrzehnt später wurden täglich ca. 30 000 Liter von Lieferanten benötigt, wofür mit 160 Gütern Lieferverträge bestanden.

Zur dritten Stunde des neuen Tages „rollten die ersten Milchwagen vom alten Schlesischen und Leipziger Bahnhof heran, der Kessel stand unter Dampf, die Zentrifuge, System de Laval, die erste übrigens in Sachsen, begann zu heulen, der Butterkneter karussellte, und von 4 Uhr an warteten schon die Ausfahrer, um frische Milch und Molkereiprodukte der fast täglich wachsenden Kundenzahl zum ersten Frühstück ins Haus zu bringen“, erinnert man in einer Firmenschrift an die Anfangszeit. Mit der gleich zu Beginn für die beachtliche Summe von 1650 Mark gekauften „de Laval-Zentrifuge Nr. 4“ verfügt die „Dresdner Molkerei Gebrüder Pfund“ über den entscheidenden Wettbewerbsvorteil gegenüber allen anderen im Sachsenlande. 1878 hatte der schwedische Ingenieur Carl Gustav Patrik de Laval (1845–1913) die 1876 ersonnene Milchschleuder des deutschen Erfinders Wilhelm Lefeldt (1836–1913) weiterentwickelt. Lefeldts Maschine trennte automatisch den Rahm (für Schlagsahne und Butter) von der Magermilch und revolutionierte damit die Milchverarbeitung. Benötigte man bislang vom Melken bis zur Herstellung der fertigen Butter etwa zehn Tage, verkürzte sich nun alles auf Stunden. Die von de Laval auf den Markt gebrachte Zentrifuge entrahmte bis zu 600 Liter Milch pro

Ausfuhrwagen im Molkereihof um 1885

Stunde und reinigte diese zugleich von Verunreinigungen und Bakterien.
Zum rasch wachsenden Technik- und Transportpark kamen Dampfkesselanlage, Kältemaschine, Kannenspülanlage und Flaschenreinigungsapparat, Wagen und Pferde. Brunnen sicherten die eigene Wasserversorgung. Später erzeugte Pfund sogar die Elektrizität selbst. Tausende grüne Milchflaschen wurden gekauft. Daneben verzinnte Kannen, jede im leeren Zustand 6 $^{1}/_{2}$

Das „Königliche Belvedere" auf der Brühlschen Terrasse zählte zu den ersten Kunden der Molkerei.

bis 7 Kilo schwer. Verplombt garantierten sie, an heißen Tagen auf den Gespannen zusätzlich durch mit Wasser getränkte Planen geschützt, die Rohmilch-Kühlkette vom Landwirtschaftsbetrieb in die Molkerei. Ständig wachsende Tageseinnahmen – 1883 erhöhten sie sich, durch Transporteure sowie im einzigen Verkaufsladen Bautznerstraße 41/42 erwirtschaftet, von 287,95 Mark im Januar auf 809,90 Mark im Dezember – machten schnell die Anschaffung eines Tresors für 152 Mark unerlässlich. Alle Korrespondenzen, die Verträge und Geschäftsbücher wurden lange handschriftlich geführt. Am 5. Januar 1889 leistete sich das Unternehmen seine erste Schreibmaschine!

Erst 1883 stellt man für 100 Mark Monatsgehalt einen Buchhalter ein. Die übrigen frühen Mitarbeiter wohnten meist bei freier Kost und Logis in der Firma. Dazu zählten drei Mamsells (je 60 bis 80 Mark Monatsgehalt), sechs Transporteure, die vormittags und nachmittags Milch auslieferten, dafür 10 bis 15 Mark pro Woche und bis zu 380 Mark Prozente für verkaufte Ware jährlich erhielten, ein 1. Molkereigehilfe, Stallmeister, Feuermann zum Heizen von Dampfkessel und Öfen, Kutscher und Arbeiter (mit 11 bis 17 Mark Wochenlohn).

Dass sich Pfunds häufig nicht an die Gesetze hielten und auch bauten, wie es ihnen passte, belegen Ordnungsstrafen z. B. wegen Schwarzbauten und Sonntagsüberschreitungen.

Zu den ältesten Kunden gehörten z. B. das „Café Central", das Städtische Waisenhaus, der Konsum-Verein des Leib-Grenadier-Regiments Nr. 100, die „Saloppe", das „Café Passage", der „Goldene Engel", die Diakonissen-Anstalt, der Konsum-Verein des Jäger-Bataillons Nr. 13, das Armen-Amt, „Café König", Gertes Hotel, der „Goldene Ring", Weber Hotel, Hille Göttlichs Hotel, Bauers „Hotel Royal", der „Preußische Hof", Hotel „Bellevue", die Restaurants „Tivoli" und „Stadt Coburg", das „Hotel de Saxe", das „Grande Union-Hotel", die Bäckermeister Baumgärtel und Steinchen, „Heideschlößchen", „Fischhaus" und „Waldschlößchen", die „Victoriahöhe", Hotel „Kaiserhof", das „Königl. Belvedere", „Bachs Etablissement", die Städtische Arbeitsanstalt, das „Parkhotel", der Zoologische Garten, Diplomaten und Kinderwagenfabrikant Höfgen.

Riesenerfolge mit Filialen und kondensierter Milch

Am 1. September 1884 eröffnete im Stadtwaldschlösschen am Postplatz die erste Filiale von Pfunds Molkerei. Der Umsatz des ersten Tages: 6,53 Mark! Das neben der Bautznerstraße dritte Ladengeschäft weihte man am 7. Februar 1887 an der noblen Prager Straße ein. Weitere entstanden in Blasewitz und an der Pirnaischen Straße (1888), in Kötzschenbroda (1889) und Potschappel (1890). Dem Pavillon im Königlichen Großen Garten 1892 folgte im gleichen Jahr die Filiale Hauptstraße (nahe Neustädter Markt). 1893 wird der zehnte Verkaufsladen an der Königsbrücker Straße eingerichtet. Im nächsten Jahr bekommen der Neumarkt und Pieschen Pfund-Filialen.

Die erste Filiale im Stadtwaldschlösschen am Postplatz

Seit 1892 stand Pfunds Milch-Pavillon an der Lenné-Straße am Eingang zum Königlichen Großen Garten. Weitere Pavillons folgten an der Bürgerwiese und auf dem Weißen Hirsch.

Und so geht es weiter: Uhlandstraße (1894), Hohenzollernstraße (1896) … 1905 sind es 32 eigene Läden, fünfundzwanzig Jahre später 55.
Zum unaufhaltsam wachsenden Filialnetz an den belebtesten und am meisten bevölkerten Straßen kommen mobile Verkaufswagen. Ende 1887 befahren 24 Transporteure und Transporteurinnen die Stadt Dresden. Die Milchausfahrer von Pfund ziehen immer dichtere Versorgungslinien über die wachsende Großstadt und deren Vororte. 1895 verfügt man über 35

Wagen. Dafür hat die Molkerei die Stadt und ihre Umgebung in 35 Bezirke unterteilt: die 25 entfernter liegenden werden durch Pferdewagen mit männlichem Personal erreicht, die zehn näheren durch einfache Handwagen mit weiblichem Personal bedient. 1905 sind dann 60 Wagen unterwegs. Deren Führern assistieren 85 Austragburschen. Der Marstall besteht in jenem Jahr aus ca. 100 Pferden. 1900 war Pfund der Erste in Dresden, der ein elektrisches Lastauto kaufte. Leider ließ sich dieses technische Kuriosum nicht richtig in den Verkehr einreihen und brachte dem Besitzer nach anfänglicher Aufmerksamkeit nur Ungemach: „Der mittelalterliche Brückenzoll brauchte für dieses nicht gezahlt zu

Am Neumarkt neben der Frauenkirche bestand von 1894 bis 1945 ein Laden von Pfund.

werden, es wurde ja weder von Pferden noch von Hunden gezogen, dagegen kamen Strafbefehle wegen Hupens. Der Kraftwagenführer musste gleich den Kutschern ‚Öh-Öh' rufen, um die Fußgänger zu warnen", berichtet die Firmen-Chronik über diese Fehlinvestition. Von 1914 sind noch beeindruckendere Zahlen bekannt: Mittlerweile gehören 125 Wagen, drei Autos, 125 Gebrauchspferde und ca. 30 Fohlen zum Fuhrpark.

Typisches Gespann der „Dresdner Molkerei Gebrüder Pfund" mit Führer und Austragbursche am linken Elbufer gegenüber der Waldschlösschen-Brauerei

In seinen Lebenserinnerungen „Als ich ein kleiner Junge war" vermerkt Erich Kästner (1899–1974), dass die Pfund'sche Molkerei zu den Kunden seines reichen Onkels, dem Dresdner Pferdehändler Franz Augustin, zählte. Das Organisationstalent Paul Pfund und seine leitenden Mitarbeiter waren zuerst damit beschäftigt, die in der expandierenden Stadt benötigten Milchmengen in gleichbleibend hoher Qualität von außerhalb zu beschaffen. Die eigene Kuhhaltung neben der Molkerei hatte man wegen ihrer geringen Wirtschaftlichkeit längst aufgegeben. Auch die im gesamten Dresdner Stadtgebiet um 1890 noch vorhandenen 500 Kühe spielten für die Produktion lediglich eine untergeordnete Rolle. 36 Prozent der Milch wurden um 1895 durch sogenannte ländliche Einbringer per Fuhrwerk von Bauern und Rittergütern nach Dresden geliefert. Pfund setzte jedoch vor allem auf das neue, moderne Transportmittel Eisenbahn. Dank Bahn (1895 brachte sie 58 Prozent der Rohmilch) war es möglich, ein- bis zweimal pro Tag frische Milch aus einem Radius von 173 Kilometern zu erhalten. Dafür schloss die „Dresdner Molkerei Gebrüder Pfund" mindestens ein Jahr geltende Milch-Pacht-Verträge mit großen Gütern in der Lausitz, der Lommatzscher Pflege und im Erzgebirge. Darin waren nicht nur die täglich zu liefernden Mengen frisch gemolkener Kuhmilch mit mindestens drei Prozent Fettgehalt im Monatsdurchschnitt festgeschrieben. Die Molkerei als Pächter knebelte mit diesen Verträgen die Landwirte als Verpächter durch Auflagen z. B. zum Futter der Kühe, zur Reinlichkeit im Stall und beim Melken, im Seuchenfall oder bei der Beschriftung und Reinigung der 20 $^{1}/_{2}$ Liter fassenden, plombierten Transportkannen, welche selbstverständlich die Verpächter anzuschaffen hatten. Durch Herabkühlen vor dem Transport war von ihnen zu garan-

Unweit des Stammhauses existierte im 19. Jahrhundert an der Ecke Bautzner Straße 27/Markgrafenstraße einige Jahre dieses Geschäft.

Drei Pferdewagen beim kleinen Treffen der Milchausfahrer von Pfund kurz vor Ende ihrer Auslieferungsrouten

tieren, dass die Milch mit nicht mehr als 15 Grad Temperatur in der Molkerei eintraf.

Paragraph 5 legte beispielsweise fest: „Hat eine Kuh frisch gekalbt, so ist deren Milch nicht vor Ablauf des vierzehnten Tages nach dem Kalben dem einzuliefernden Milch-

Geschäft von Pfunds Molkerei im Mietshaus Pfotenhauerstraße 21

quantum beizufügen, ebensowenig darf die Milch von Kühen, die nach vier Wochen kalben sollen, sowie von solchen, die am Euter oder sonst krank sind, eingeliefert werden."

Den mit Pfund vertraglich gebundenen Milcherzeugern verbot er, andere Molkereien oder Abnehmer zu beliefern. Paul Pfund gelang es nach einer Studie bereits im Jahre 1895, rund ein Drittel des gesamten Dresdner Milchhandels in seiner Hand zu konzentrieren, dessen Menge im Oktober 88 938 Liter pro Tag betrug. Auf jeden der 339 517 Einwohner entfielen damit täglich 0,26 Liter Milch.

Sohn Kurt Pfund, der nach der Lehre in einer Züricher Molkerei an den Universitäten Lausanne, Leipzig und Heidelberg studierte, promoviert sich, gerade

Eine große Schweinemastanlage in Mickten ergänzte ab 1887 den Molkereibetrieb.

21-jährig, 1896 an der philosophischen Fakultät der Ruprecht-Karls-Universität Heidelberg mit der Arbeit „Die Versorgung großer Städte mit Milch. Dargestellt auf Grund der Verhältnisse in Dresden". Darin beschreibt er, wie die damals täglich ca. 30 000 Liter angelieferte Milch vom Großbetrieb seines Vaters verwertet wurden: erstens durch Verkauf in rohem Zustand als Vollmilch (in Dresden und Leipzig 3 Prozent Fettgehalt vorgeschrieben, in anderen deutschen Großstädten 2,07 bis 2,8 Prozent Fettgehalt) an den Konsumenten und durch Weiterverkauf an Kleinhändler. Zweitens durch Herstellung von Molkereiprodukten. Dabei spielte der Rahm eine Hauptrolle, welchen man direkt verkaufte oder zu Butter verarbeitete. Die Magermilch (0,15 Prozent Fettgehalt) kam direkt in den Verkauf bzw. wurde zu Magerkäse und kondensierter Magermilch. Weitere Molkereiprodukte waren Kindermilch und sterilisierte Milch, Fettkäse, Milchseife und kondensierte Vollmilch.

Am Milchgespann hängt ein Reklameschild für die gerade erfundene „Pfunds Molken-Limonade".

Seit 17. Februar 1891 hat der Königliche Bezirksarzt und Geheime Medizinalrat Dr. Walther Hesse (1846–1911) die Oberaufsicht über die Kindermilch-Abteilung. Der Schüler von Max von Pettenkofer (1818–1901) und Robert Koch (1843–1910) führt bei Pfund als weltweit erster Molkerei ab 1900 die Dauerpasteurisation aller Milch ein. Dr. Hesse fand in Experimenten heraus, dass krankheitserregende Keime wie Tuberkeln, Choleraspirillen, Typhus- und Colibakterien, Diphtheriebazillen nicht allein durch hohe Hitzegrade beim Sterilisieren (über 100 Grad Celsius) und Pasteurisieren (über 75 Grad

Paul Pfund baute in Dresden eine der größten Molkereien Deutschlands auf.

Celsius) abgetötet werden können, sondern dies ebenso sicher durch 25 bis 30 Minuten lange Dauerpasteurisation bei einer Temperatur von nur 63 Grad Celsius erreicht wird. Der große Vorteil dieser niederen Temperaturen ist, dass das Milcheiweiß in seinem Aufbau kaum verändert wird und nützliche Milchbakterien samt Vitaminen erhalten bleiben. Damit blieb der so behandelten Milch der Makel eines geringeren Wertes sogenannter abgekochter Milch erspart. Zur Abkühlung und Kühlhaltung dienen mächtige Kohlesäureeismaschinen (arbeiteten mit salzhaltiger Sole, kühlten bis minus 15 Grad), die gleichzeitig 5000 Kilo Kunsteis herzustellen vermochten. 1904 nimmt man die erste Homogenisiermaschine in Betrieb, welche mittels ca. 250 Atmosphären Druck erreicht, dass Milchfett nicht mehr ausscheidet bzw. „aufrahmt". Diese Erfindung verhinderte ein Buttern oder Verklumpen, machte Milch, Kondensmilch oder Sahne noch feiner und weißer.

Später kommt Milch sogar aus Schlesien und per Dampfschiff über die Elbe aus Böhmen.

1887 gliedern Pfunds ihrem Unternehmen eine Schweinemastanlage (10 000-Quadratmeter-Areal, später mit moderner Stall-Spülanlage) in Mickten an. Die Flurstücke dafür wurden verschiedenen Bauern am 20. November 1885 für 520 Mark abgekauft. Der Bau begann im Mai darauf.

Es war damals üblich, Küchenabfälle von Großabnehmern der Molkerei wie Hotels, Kasernen und Restaurants gegen ein Entgelt zu entsorgen. Von 100 auf 500 Tiere erweitert, brachte die Schweinehaltung doppelten Nutzen. Konnte man doch in Zeiten überschüssiger Magermilch- und Molkenmengen, wie sie z. B. an Fest- und Feiertagen sowie während der Grünfütterung im Sommer anfielen, diese hier gleich verfüttern.

Die zeitweiligen Milchfluten konnten aber selbst Hunderte Schweine allein nicht bewältigen. Paul Pfunds Berliner Freund Carl Andreas Julius Bolle (1832–1910), der seine traditionsreiche Meierei ebenfalls 1879 gegründet hatte, auch klein mit einer Milchbar und Milchmädchen begann, welche bimmelnd Kannen auf Handwagen durch sie Stadt zogen, verwandelte überschüssige Milch in Milchzucker. Diese fand vornehmlich in Kindernahrung und der Pharmazie Verwendung.

Der Dresdner Industrielle ging einen anderen Weg und versuchte nach Vorbildern aus der Schweiz, kondensierte Milch herzustellen. Das Verfahren besteht darin, mit reinem Kristallzucker als Konservierungsmittel versetzte Milch in Vakuumapparaten – also im luftverdünnten Raum – bis zu einer gewissen Konsistenz einzudicken und ihr damit das Wasser zu entziehen. Allerdings endeten erste Versuche mit offenem Flächenverdampfer fast im Fiasko. Bei einer Vorführung in London flog sogar eine Blechdose in die Luft. Auch gab es Ärger mit dem Personal, musste noch in der Testphase der extra aus der Schweiz engagierte Kondensmilch-Experte namens Waller wegen ununterbrochener Trunkenheit entlassen werden. Doch am 22. Februar 1888 stand die Vakuummaschine, am 9. Juni traf die erste große Zuckerlieferung ein und am 24. Juli endlich auch die Kondensmilchdosen – ein völlig neuer Geschäftszweig begann. Deutschlands erste Kondensmilchfabrik war eröffnet!

Anzeige für „Pfunds condensirte Milch" mit dem patentierten Dosenöffner

Fünf Jahre vor der Jahrhundertwende verarbeitete man in dieser Abteilung, die mit nur zwei Arbeitern auskam, bereits 8000 bis 10 000 Liter Milch am Tag. Der Vorsieder überwachte das Kochen der Milch vor ihrem Eintritt in die Vakuumapparate und besorgte den Zusatz des Zuckers. Ein zweiter Arbeiter, der Siedemeister, bediente die Dampfluftpumpe und beide Vakuummaschinen. Es folgten die ebenfalls mit Maschinenkraft betriebenen Kühlapparate. In der letzten Abteilung füllten Frauen die kondensierte Milch in Blechdosen, welche die Firma seit Ende 1888 selbst fabrizierte. Am 12. November 1891 erwarb man von einem Tüftler aus Glauchau das Patent einer Dose mit raffiniertem Dosenöffner. Beim Schließen der Dosen in der Fabrik half eine Zudrückmaschine, welche pro Stunde 1200 Büchsen schloss. Die Frauen etikettierten diese auch und verpackten sie in Kisten. Zwei Arbeiter waren mit dem Zunageln der Kisten und ihrem Signieren beschäftigt. Über allem wachte ein Werkmeister. Von 373 402 Dosen im Jahre 1889 steigerte man die Produktion auf 1,2 Millionen Dosen 1894.

Zum Absatzgebiet von Kondensmilch zählte anfangs neben Deutschland vorwiegend England und dessen Kolonien. Es folgten China, Japan und Südafrika. Als Export-Verkaufskontor errichtete Paul Pfund in London „The Anglo Saxon Condensedmilk Co.", London E.C. 4 Bury Street, St. Mary Axe. In Hamburg übernahm den Verkauf für Südafrika die Firma „Otto Peycke & Sohn". Deren Marke „Sun Brand", so die Firmen-Chronik, „wurde bald eine der bekanntesten Marken in Beira, Laurenzo Marques, Durban, Port Elizabeth, Kapstadt und Johannisburg mit seinen Gold- und Diamantenfeldern."
In Deutschland verkaufte man Pfunds Kondensmilch vor allem unter den Markennamen „Saxonia", „Silber-Krug" und „Zwilling" in Apotheken, Drogerien und Fachgeschäften.
Der Export verschaffte auch Steuervorteile. Kurt Pfund erläutert dazu in seiner Dissertation: „Die für den verbrauchten Zucker gezahlten Steuern werden daher zurückvergütet. Der Vereinfachung dieser Operationen dient ein Privatlager unter Steuerauf-

Kundenbindung anno 1900 durch lustige Werbemarken für Kondensmilch

Pfunds
Condensirte Milch.
Dresden
Marke Silber-Krug
mit Pfunds Dosen Oeffner

Pfunds
Condensirte Milch.
Dresden
Marke Silber-Krug
mit Pfunds Dosen Oeffner

Pfunds
Condensirte Milch.
Dresden
Marke Silber-Krug
mit Pfunds Dosen Oeffner

Pfunds
Condensirte Milch
Dresden.
Marke-Silber-Krug
mit-Pfunds-Dosen-Öffner

Pfunds
Condensirte Milch
Dresden.
Marke-Silber-Krug
mit-Pfunds-Dosen-Öffner

Pfunds
Condensirte Milch
Dresden.
Marke-Silber-Krug
mit-Pfunds-Dosen-Öffner

Pfunds
Condensirte Milch
Dresden.
Marke-Silber-Krug
mit-Pfunds-Dosen-Öffner

Pfunds
Condensirte Milch
Dresden.
Marke-Silber-Krug
mit-Pfunds-Dosen-Öffner

Pfunds
Condensirte Milch
Dresden.
Marke-Silber-Krug
mit-Pfunds-Dosen-Öffner

Pfunds
Condensirte Milch
Dresden.
Marke-Silber-Krug
mit-Pfunds-Dosen-Öffner

Pfunds
Condensirte Milch
Dresden.
Marke-Silber-Krug
mit-Pfunds-Dosen-Öffner

Pfunds
Condensirte Milch.
Dresden
Marke Silber-Krug
mit Pfunds Dosen Oeffner

sicht, was, da täglich 30–40 Zentner Zucker verbraucht werden (die Verbrauchssteuer beträgt pro Zentner 9 Mark) von großem technischen und pekunären Vorteil ist."

Als großzügige Erweiterungen das Areal für die Kondensmilchfabrikation in Dresden zu klein werden lassen, reist Paul Pfund am 27. Januar 1904 zwecks Errichtung eines neuen Werkes in Böhmen nach Wien und Lobositz. Schon am 30. März kauft er das Grundstück in Lobositz. Zum Bau im darauffolgenden Jahr – die neue Fabrik stand unter Leitung von Dr. Kurt Pfund – wird zusätzlich in Hamburg auf der Kleinen Reichenstraße 13/15 (späterer Umzug auf den Hopfensack 20) ein eigenes Export- und Speditionskontor errichtet. Kondensierte Milch wurde nun an fast alle bedeutenden Häfen Afrikas, Asiens, Australiens, Zentral- und Südamerikas geliefert. Aus dem Jahre 1909 ist die Zahl von 150 000 exportierten Kisten zu je 48 Einpfunddosen bekannt.

Etwas Landwirtschaft wollte Paul Pfund trotzdem noch betreiben. So kaufte er am 1. August 1896 dem mit ihm befreundeten Landtagsabgeordneten Steyer seinen Betrieb von gut 60 Hektar Ackerland in Reinholdshain ab. Ein wohl weniger von kühnem Unternehmergeist als von Sentimentalität und Renommierbedürfnis geprägtes Geschäft. Steyer war Gutsnachbar des eigenen Hofes gewesen, den man 17 Jahre zuvor verlassen hatte. Außerdem stand die Hochzeit von Pfunds Tochter Mathilde Bertha mit einem Adligen an: Graf Eberhard von Königsdorff (1865–1934) führte sie 1898 vor den Altar der Martin-Luther-Kirche neben der Molkerei, machte sie zur Gräfin. Natürlich brauchte das Paar, um standesgemäß zu residieren, ein Rittergut. Am 17. März 1899 wurde ihnen Komtesse Edeltraut von Königsdorff geboren. Sie heiratete in eine Laubegaster Heizungsbaufirma ein, starb 1967 bei einer Besuchsreise in den Westen Deutschlands. Doch lange hält die Ehe mit dem Grafen als Gutsverwalter des Schwiegervaters nicht, endet 1905 per Scheidung. Als Gut „Molkereihof" u. a. mit „Pfunds Muster-Kuhstallungen" und Züchtung Simmentaler Milchviehs (80 Kühe) hatte der Betriebsteil Reinholdshain fortan einen festen Platz im Eigenmarketing. Lange diente er der Familie als Rückzugsort.

Ein handgemalter Märchentraum von Villeroy & Boch

Jahr für Jahr wird es für die „Dresdner Molkerei Gebrüder Pfund" am Ursprungsort enger, folgen Erweiterungen von der Bautznerstraße in nördliche Richtung über die Prießnitzstraße hinweg. Neben großzügigen Beamten- und Mietwohnungen in teils villenartigen Gebäuden, Pferdeställen, Beschlagschmiede, Tischlerei, Zimmerei, Wagenbauwerkstatt und Garagen

Die am Neubau des Hauptgebäudes beteiligten Handwerker posieren um 1887 auf dem Gerüst und davor auf der Straße für den Fotografen.

Das Verwaltungsgebäude der „Dresdner Molkerei Gebrüder Pfund", Bautzner Straße 79, um 1905. Im Erdgeschoss befindet sich das von „Villeroy & Boch" ausgestattete Geschäft.

entstehen Nebenbetriebe wie z. B. eine Druckerei mit Schnell- und Tiegeldruckpressen, Papierschneidemaschinen und der Stereotypie für den Druck von Kondensmilch-Etiketten in vielen Sprachen, für Reklameplakate und weitere Drucksachen des Großbetriebes. Auch die Klempnerei mit Verzinnerei zur Instandhaltung der Milchkrüge und die Lackiererei. In dieser erhalten die Pfund'schen Milchwagen ihr reines Weiß. Auch eine Dampfwäscherei kommt hinzu. In Baumeister und Ziegeleibesitzer Friedrich Hermann Richter (1857–1942) findet Paul Pfund den Gründerzeit-Architekten, der viele seiner Ideen verwirklicht.

Doch bereits zum Ende der 1880er Jahre genügt der Würde des Unternehmens und seiner mit steigender Mitarbeiterzahl sich vergrößernden Verwaltung das Stammhaus Bautznerstraße 41, welches man ab 1881 um die Nachbar-Immobilie Bautznerstraße 42 ergänzt hatte, nicht mehr. Das alte Milchgeschäft strahlt zwar eine gewisse Noblesse aus. Im Unterschied zu anderen Läden mit weiß gekalkten oder gefliesten Wänden hatte der Besitzer den Verkaufsladen am 26. Mai 1884 mit teuren Marmorwandungen versehen lassen. Aber alles sollte noch viel großzügiger, schöner, opulenter werden.

Nach Abriss beider Wohn- und Geschäftshäuser entstand ab 1887 jenes repräsentative „Hauptcompteur"-Gebäude, welches Direktion und Zentrale der neben der Firma Bolle in Berlin nun bald wichtigsten Molkerei im Deutschen Reich beherbergte. Zumindest der Rohbau wurde – darauf wies ein etwa 100 Jahre später im Gebälk entdecktes Handschreiben eines Bauarbeiters hin – vom Dresdner Maurermeister, Stadtverordneten und Kirchenvorstand der Martin-Luther-Kirche, Heinrich Jacob, ausgeführt. Den viergeschossigen Klinkerbau mit Durchfahrt zu den Hofgebäuden zier-

Früheste Fotografie aus dem Inneren des einzigartigen Milchladens, der vom Fußboden bis zur Decke mit kunstvollen Fliesen ausgestattet ist

Der Page präsentiert die Wappen der Vereinigten Staaten von Amerika (links) und Großbritanniens.

ten Giebeltürmchen, Turmuhr, Wetterfahnen und Dachaufsätze aus Zink. In großen Buchstaben prangte an der Frontseite „Gebrüder Pfund – DRESDNER MOLKEREI – Gebrüder Pfund". Laut „Fest-Nummer der Dresdner Molkerei Gebrüder Pfund" zum 25. Geschäftsjubiläum 1905 wurde das neue Molkereigebäude am 4. November 1891 fertiggestellt und bezogen. Damit dürften die holzgetäfelten Kontor- und Direktionsräume sowie die teilweise mit Stuckdecken versehenen Wohnräume gemeint sein. Der ebenerdige Milchladen war zu diesem Zeitpunkt noch nicht vollendet, seine kunstvolle Ausstattung nicht eingebaut. Auch erfolgte in jenen Monaten eine Neu-Nummerierung aller Häuser

Ein Engel mit dem Wappen Sachsens (links) und dem Dresdner Stadtwappen

der Bautznerstraße, später Bautzner Straße geschrieben. Aus den beiden Grundstücken mit den Nummern 41 und 42 wird die Nummer 79. Wie Paul Friedrich Pfund (geb. 1939), der Urenkel des Gründers, im Prachtband „Bei Pfunds war die Milch weißer" unter Zuhilfenahme des 1891 begonnenen „Contobuches" ausführt, dürfte der handgemalte Märchentraum erst im Herbst 1892 von der Firma Villeroy & Boch übergeben worden sein.

Der renommierte deutsche Hersteller von Keramikwaren Villeroy & Boch führt seine Geschichte bis ins Jahr 1748 zurück. Damals begann François Boch (1700–1754) in Lothringen mit der Herstellung von Keramikwaren. 1791 erbaute Nicolas Villeroy (1759–1843) nordwestlich von Saarbrücken eine Steingutfabrik. 1836 fusionierte Gründer-Enkel Jean-François Boch (1782–1858), der 1801 die ehemalige Benediktinerabtei in Mettlach an der Saar für seine Geschirrfabrikation gekauft hatte, mit Villeroys Unternehmung. Vereint, wurden die früheren Konkurrenten zu führenden Herstellern von Fayencen in Europa. Ihre Innovationen, zu denen gehörten die „Mettlacher Platten" (Bodenfliesen mit eingelegtem Muster), lieferten sie bis nach Nord- und Südamerika. 1856 erfolgte auf Neudorfer Flur (Leipziger Vorstadt von Dresden) die Gründung einer Steingutfabrik für Gebrauchs-, Zier- und Baukeramik. Hier entstanden der Wandbrunnen für das Neue Rathaus

Links: Putto mit Flasche und kelchartigem Glas
Rechts: Aus der Schale trinkender Putto mit Milchkanne

Die folgenden Bildtafeln zeigen Details vom Fries unter der Decke an der Westwand des Milchladens (Verkaufsraum).

oder der Saxonia-Fries für den Mittelgiebel des Finanzministeriums in Dresden.

Auf die Innenausstattung von Gewerberäumen mit besonderen Anforderungen an Sauberkeit und Hygiene – dazu zählten auch Frisiersalons, Fleischereien und Toiletten – spezialisiert, bot die Dresdner Fabrik von Villeroy & Boch komplett abwaschbare Wände mit reichen Dekors an. Für die „Dresdner Molkerei Gebrüder Pfund" schufen

Keramiker und Werksmaler das einerseits farbenprächtig per Hand bemalte, andererseits auch phantasievoll plastisch geformte Meisterwerk. Der ursprünglich pragmatische Zweck wich hier einem Paradiesgarten, welcher für manche irgendwo zwischen überirdischem Kunstwerk und Tempel für den weißen Lebenssaft Milch einzuordnen ist.

Laut Paul Friedrich Pfund belief sich die Rechnung vom 26. November

Friese unter der Decke der Ost- und Westwand des Verkaufsraumes

1892 für „die gesamte künstlerisch ausgeführte Fliesenverkleidung unseres Verkaufsladens und Ausstellungsraumes, einschließlich Spiegelsäulen, Springbrunnen, Ladentafel und Eisschrank und inkl. der Entwürfe, Modelle und Vorlagen“ auf 23 000 Mark. Zwei Tage später „erhielten Villeroy & Boch für die Ausfüh-

Der Fries an der Nordwand mit den von Knaben bedienten Apparaten und Transportmitteln der Molkerei. Unter anderem sind Hundewagen, Abfüllmaschine für Kindermilch, Zentrifuge, Kondensiermaschine, Butterfass und Käsewalze abgebildet.

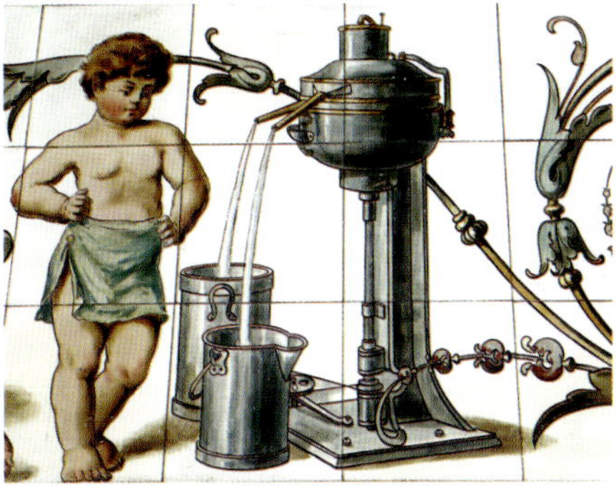

rung sämtlicher Fußbodentäfelungen und Wandverkleidungen" weitere 5491,75 Mark. Zusammen mit den rund 4000 Mark für Spiegel, Glasscheiben, Marmorplatten und Messingstangen kostete die Milchladen-Ausstattung somit etwa 33 000 Mark. Der damalige Goldmark-Betrag würde, so berechnete Urenkel Pfund, einer Summe von 618 750 Euro entsprechen. Zweifellos ist dieser Betrag nur ein Bruchteil des heutigen Wertes. Laut Gutachten der „Nürnberger Versicherung" von 2012 betrug der Wiederherstellungswert des Gebäudes Bautzner Straße 79 einschließlich des historischen Milchladens von 75 Quadratmetern rund 9 Millionen Euro.

Weder mit Geldbeträgen noch Zahlen ist der Bilderreichtum des etwa acht mal fünf Meter großen Verkaufsraumes und der vier mal fünf Meter großen Trinkhalle (Deckenhöhe je 3,70 Meter, dazu kommt noch ein über zwei Treppen zu erreichender gangartiger Raum) zu erfassen. Geschickt verleiht er dem Naturprodukt Milch und dessen daraus produzierten Köstlichkeiten einen prachtvollen Rahmen, demonstriert durch den immensen Aufwand auch unübersehbaren Wohlstand. Bereits 1910 prägte das „Salonblatt" der „Modernen illustrierten Wochenzeitschrift für Theater, Kunst und Sport" für diese grandiose Inszenierung die euphorische Bezeichnung „schönstes Milchgeschäft der Welt".

Wer von der Straßenseite einen Blick durch die raumbreiten wie -hohen Schaufenster mit ihren Messinggeländern im Inneren wagt, kann den beinahe poetischen Pfunds-Kosmos erahnen, der von der Decke bis zum Fußboden reicht. Im geometrischen Rahmensystem an der Decke erscheinen Blumen, phantastische Tiere, Fabelwesen und feuerspeiende Drachen. Den Sockelbereich dominieren florale Elemente.

Verkaufsraum mit Käsetheke und Eisschrank

Der Eintretende schreitet an Fliesen mit Groteskendekoration vorbei. Gleich links in der Ecke neben der Tür hält ein Putto mit rotem Röckchen ein Tablett. Darauf lässt sich neben einer Flasche mit Messstrichen und dem kelchartigen Glas die Aufschrift „Pfunds sterilisierte (keimfreie) Kindermilch" erkennen. Rechts daneben präsentiert ein Page mit Federhut selbstbewusst die Wappen der Vereinigten Staaten von Amerika und Großbritanniens – symbolisch für die weltweiten Absatzmärkte der Firma. Daneben unter einem Spiegel Pfunds berühmter Milchbrunnen. Es folgt ein Engel mit Lorbeerkranz im Haar, rotem Gewande und alles beschirmenden Flügeln, der links das Wappen Sachsens und rechts das Dresdner Stadtwappen hält. Sein Gesicht erscheint so echt, dass hier ein Dresdner Mädchen Modell gestanden haben könnte. Unter dem Engel speit der Kopf eines gehörnten Fauns – gleich jenem unter dem Pagen – zwei Glocken und Blumengirlanden aus. Auf der nächsten Bildtafel in gleicher Höhe trinkt ein Engel, an dessen Füßen eine verzinnte Kanne steht, aus einer mit beiden Händen gehaltenen Schale.

Über all diesen handgemalten Herrlichkeiten prangt unterhalb der Decke ein Fries. Unbekleidete Kinder auf dicken grünen Girlanden, in welche z. B.

Blick von der Trinkhalle Richtung Treppe und Theke

Löwenkopf und Früchte gehören zu den keramischen Details der Ladentheke.

Äpfel, Birnen, Pflaumen und Weintrauben gebunden sind, plaudern mit Engeln, raunen sich Geschichten zu, füttern Tauben, spielen mit Kätzchen und Kaninchen, füttern ein Geißlein, lesen, ernten, tragen Obstkörbe oder halten Blumengebinde. Dazwischen fliegen Schmetterlinge, stolziert ein Storch. Der sich an der Nordwand des Ladens fortsetzende Fries zeigt Eimer schleppende und an typischen Apparaten der Molkerei wie Kondensiermaschinen und Käsewalzen arbeitende Knaben. Einer hält die Deichsel eines Hundewagens, der Milchkannen geladen hat, ein anderer füllt Milch in Flaschen ab, ein dritter studiert den Bestellzettel.

Selbst der große Eisschrank und die breite, lange Verkaufstheke davor sind reich verziert und bemalt. An der Thekenfront und der rechten Seite mit der Aufschrift „Zahlstelle" beeindrucken einteilige, großformatige Plattenfelder. Sieben glasierte baukeramische Elemente tragen plastischen Schmuck wie Löwenköpfe und Fruchtgehänge.

Auch alle weiteren Wände bergen

Amüsantes, Berührendes, Geheimnisvolles, Unterhaltsames, zum Nachdenken anregend. Überall Putten, die gläserne Messzylinder, Milchflaschen, Kondensmilchdosen oder das Cremometer halten, mit welchem der Sahneanteil der Milch bestimmt wurde.

In der Trinkhalle zeigt der Fries unter der Decke ländliche Szenen: Hirten, die mit dem Hütestab und Hund unter schattigen Bäumen sitzen, Flöte spielen. Hütejungen, Burschen mit Sense und Trinkflasche, den Jungen, der ein Kalb zum Markt führt, oder eine Viehkauf-Szene. Abgebildet sind prächtige Rassen an Rindern und Schafen, das Mägdelein mit Melkschemel und Eimer vor der Kuh mit prallem Euter.

Es fehlen auf den Fliesen auch nicht die reich verzierten Initialen „G.P" für Gebrüder Pfund, das Bildnis von Kaiser Wilhelm II. (1859–1941), für exzellente Milchprodukte errungene Medaillen, Sinnsprüche mit alten Lebensweisheiten wie „Nütze die Zeit" unter einer Sanduhr mit Flügeln oder „Sich regen bringt Segen". In einem der Fenstergewände versteckt sich die Jahreszahl der Fertigstellung des Milchladens.

Feuerspeiende Drachen und andere Ungeheuer an der Decke des Verkaufsraumes

Auch dieses handgemalte Motiv ziert eine Platte an der Schauseite der Theke.

Messinghalterung am Schaufenster

Zwei Treppen mit sechs Stufen – sie gleichen den Höhenunterschied des niedrigeren Erdgeschossniveaus vom Neubau mit den bereits vorhandenen Nebengelassen aus – flankieren dekorative, portalbildende Säulen. Alle keramischen Säulenfüße tragen Masken und Früchte. Über eine der Treppen erreicht man das von Genien getragene illusionierte Bild in der Art Delfter Fliesen, welches eine typisch holländische Landschaft mit Windmühle, einem Bauer auf zweirädrigem Karren nebst Kuhherde und melkender Bäuerin wiedergibt. Wer genügend Zeit mitbringt und sich in die Bilder vertieft, wird sogar Diana, die Göttin der Jagd, und den römischen Gott Silvanus, den Erfinder des Pflanzenanbaus, entdecken.

Bislang sind leider die Schöpfer dieser Werke nicht namhaft zu machen. Man vermutet, dass die Handwerker von Villeroy & Boch unter Verzierungsvorsteher Josef Zeutzius mit

Der Spruch „Sich regen bringt Segen" und die in sich verschlungene Initiale „G.P" für Gebrüder Pfund

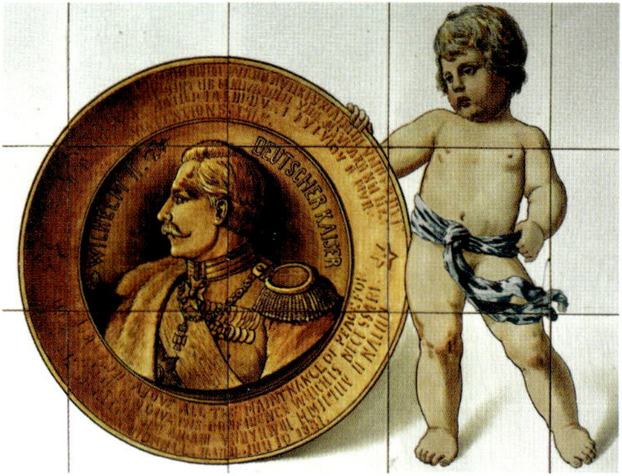

Putto mit dem Bildnis von Kaiser Wilhelm II.

sich vornehmlich der die Renaissance rezipierende Gottfried Semper beim Dresdner Opernhaus an der Elbe – bekannt als Semperoper – zu eigen. Selbst zu einem Fries mit Engeln in den Paradegemächern des Dresdner Residenzschlosses wurden Parallelen gezogen. Oder war Paul Pfund von der maurischen

Allegorische Figur mit Fruchthörnern

Künstlern der seit 1764 in Dresden ansässigen „Allgemeinen Kunst-Akademie der Malerei, Bildhauer-Kunst, Kupferstecher- und Baukunst" oder der 1875 gegründeten „Königlich Sächsischen Kunstgewerbeschule" zusammenarbeiteten. Einzelne Dekorationen erinnern an Fresken, wie sie in den Papstloggien des Vatikans zu Rom, in Villen und Palästen von Genua und Siena zu finden sind. Man hat den himmlisch schönen Laden von Pfunds Molkerei mit jenem einer Meierei nahe dem englischen Windsor Castle verglichen – der 1858 gebauten Royal Dairy, die zur Home Farm in Frogmore gehört. Die Tradition der Groteskendekoration machte

Pracht Madeiras inspiriert, wo er einen Winter lang zur Erholung weilte? Die Ikonografie der überbordenden Motivfülle steht noch aus, viele der im Milchladen verborgenen Gestalten und Symbole harren einer

Junge mit Sense und Milchkuh im Fries unter der Decke der Trinkhalle

Auch dieses Bauernmädchen mit Eimer und Melkschemel ist im Fries zu finden.

Mit Masken gezierter Säulenfuß

Genien säumen dieses in der Art Delfter Fliesen geschaffene Wandgemälde, welches eine typische holländische Landschaft zeigt.

Interpretation. Vielleicht findet einmal jemand seine Berufung, dieses wunderschöne Bilderbuch weiter zu entschlüsseln.

Auf jeden Fall bleibt es Faszinosum und Glücksfall, dass sich von der einst namhaften, hoch innovativen Großmolkerei mit Hunderten Beschäftigten im 21. Jahrhundert wenigstens der einzigartig ausgestattete Milchladen als ein lebendiges Museum erhielt.

Wohltäter, Druide, Kommerzienrat – und Pfunds Familie

Er errichtete ein Milchimperium, das zu seinem Tode als „größte Privat-Molkerei Deutschlands" gerühmt wurde, ihm verdankte man Innovationen um die Versorgung einer Großstadt mit reiner, gesunder Milch: Paul Pfund! Doch der Selfmademillionär huldigte nicht nur dem technischen und wissenschaftlichen Fortschritt und sorgte sich um seine sechs Kinder. Er dachte auch sozial, hatte ein Herz für Arbeiterinnen und Arbeiter.

Mit wertvollen Anregungen kommt er im Februar 1888 von einer ersten London-Reise zurück: Ab 1891 wird die Büro-Arbeitszeit auf acht Stunden reduziert, jene in der Produktion auf zehn Stunden pro Schicht. Es gibt ein Verbot, Schüler zu beschäftigen, und minderjährige Austragburschen haben ab 15 Uhr frei. Milch gibt es umsonst in der mit monatlich rund 1000 Mark bezuschussten Kantine, die auch Bier und Schnaps – allerdings nicht gratis – ausschenkt. Rauchen und Essen am Arbeitsplatz sind untersagt. Alle Mitarbeiter, für jeweils 40 gibt es freie Schlafplätze in der Firma, werden regelmäßig ärztlich auf ansteckende Krankheiten untersucht.

Paul Pfund gehört um 1905 bereits zu den vermögendsten Männern in Sachsen.

1890 rief man die „Krankenkasse Dresdner Molkerei Gebrüder Pfund" ins Leben, zahlte am 17. Januar 1895 die erste Rate der Unfallversicherung für die Mitarbeiter an die Brennerei-Berufsgenossenschaft. Krankengeld, Sterbegeld, Zuschüsse für Wöchnerinnen und Kuren – all das gibt es! 1898 wird „Pfunds Badeanstalt" als Angestellten-Bad mit Wannen und Duschen zu moderaten Preisen (ohne Handtuch 5 Pfennige) eingeweiht.

Testamentarisch verfügt Molkerei-Patriarch Pfund, langjährigen Arbeitern und Angestellten (mindestens 25 Jahre in der Firma, Ruhestand ab dem

Das Areal der „Dresdner Molkerei Gebrüder Pfund" erstreckte sich von der Bautzner Straße in nördliche Richtung über die Prießnitzstraße hinweg. Es umfasste Industrieanlagen, Wohnhäuser und Villen.

65. Lebensjahr) eine Altersunterstützung zu gewähren. Auch ist er an einer Stiftung beteiligt, die kurz vor Heiligabend Geschenke an Dresdens Arme verteilt.

Es existiert ein ausgeklügeltes System von Beförderungen. Am 8. August 1892 erhält Prokurist Butze den Titel Direktor. Selbst Kindermädchen können zu Verkäuferinnen aufsteigen. Seit Ende Mai 1893 trägt Inspektor Lode stolz seine goldene Mützenborde, ab 1. Juni erhält das gesamte Personal per Bekleidungsordnung einheitliche Uniformen, die man Mitte des Jahres 1900 durch weiß-grüne Borden als Abzeichen auf dem rechten Ärmel des Uniformrocks ergänzt.

Nicht nur zu runden Jubiläen zeigt sich Pfund spendabel, organisiert große Betriebsfeste. Selbst zum Erntedankfest auf Gut Reinholdshain am 11. September 1898 lädt er das Dresdner Personal ein. Ein Festsaal mit 500 Plätzen wird gebaut und am 16. Oktober 1897 von der Molkereikapelle, dem eigenen Gesangsverein (Gründung 1897, in Glanzzeiten 100

Männergesangsverein der Molkerei beim 10. Deutschen Sängerbundfest in Wien 1928

Sänger) und dem dramatischen Verein „Saxonia" der Firma eingeweiht. Bei der Kindervorstellung des Märchens „Schneeweißchen und Rosenrot" am 2. Januar 1898 spielen Familienmitglieder mit – Max Pfund beispielsweise den bösen Zwerg. Seit 28. November 1897 gibt es die eigene Werkszeitung „Nachrichten der Dresdner Molkerei Gebrüder Pfund".

In der Firma feiert man silberne und goldene Hochzeiten von Mitarbeitern und natürlich runde Geburtstage des Besitzers gemeinsam. Im März 1899 freuen sich alle mit den 18 Angestellten, die auf ein gemeinschaftlich gespieltes Lotterielos 20 000 Mark gewonnen haben.

Nicht immer jedoch danken die Arbeiter dem Chef seine Wohltaten. Am

3. September 1891 verschwinden aus mehreren Ladenkassen 758 Mark – der oder die Täter bleiben unerkannt. Die diebische Pauline Pritzke unterschlägt am 17. Februar 1901 in der Kantine etwa 1000 Mark. Polizeibeamte müssen wegen solcher und anderer Delikte öfters gerufen werden. 1904 gab es sogar einen Streik der Ausfahrer.

Eifrig betätigte sich der Molkereibesitzer in Berufsverbänden wie der Deutschen Landwirtschaftlichen Gesellschaft, dem Milchwirtschaftlichen Verein, ist Vorsitzender der Berufsgenossenschaft der Molkerei-, Brennerei- und Stärke-Industrie und zahllosen, meist gemeinnützigen, Vereinen wie dem „Dresdner Bauverein für Arbeiterwohnungen", dem „Bezirksverein gegen den Missbrauch geistiger Getränke" oder dem „Wohltätigkeitsverein ‚Erzgebirger'".

Paul Friedrich Pfund, der männliche Stammhalter in vierter Generation, fand vor Jahren Unterlagen, dass sein Urgroßvater seit 1886 Mitglied vom Elbtal-Hain Nr. 7 des „Vereinigten Alten Ordens der Druiden" war. Die 1781 zu London ins Leben gerufene Loge sah sich in der Tradition der kultischen und geistigen Elite der Kelten. Zum Wohlstand des passionierten Jägers, der eifrig den Kegel-, Auto- und Reitsport betreibt, Nordland-Reisen und Aufenthalte in seinem Domizil Funchal auf der Insel Madeira bevorzugt, sich 1911/12 nach Afrika aufmacht, speziell Deutsch-Südwestafrika

Als einer der Ersten in Dresden machte Pfund Werbung mit einem Automobil.

besucht, gehören zwei Leibkutscher. Der Ältere von beiden versieht bereits seit 19. Juni 1887 ganz feudal Dienst in Livree. Als einer der vermögendsten Sachsen mietet sich Pfund zur Sommerzeit ein Kavaliershäuschen im Königlichen Großen Garten der Residenzstadt Dresden. Hier fährt er entweder im Landauer mit Lederpolstern

Titelseite der Festschrift zum Besuch des Sachsenkönigs Friedrich August III. im Unternehmen

Nachrichten der Dresdner Molkerei Gebrüder Pfund.

Nr. 4. | Dresden, Sonnabend, den 24. März 1906. | 10. Jahrg.

Herausgegeben und gedruckt in Anwesenheit Seiner Majestät des Königs von Sachsen.

24. März 1906.

Gott schütze unsern König!

den 24. März 1906.

Sr. Majestät König Friedrich August von Sachsen zeichnete heute die Dresdner Molkerei Gebrüder Pfund mit Allerhöchstseinem Besuche aus.

Schmuckblatt mit Unterschrift seiner Majestät des Königs vom 24. März 1906 im Gästebuch der Molkerei

oder im Cabrio-Automobil von der Firma August Horch vor.

Zu Sachsens Königshaus pflegt Paul Pfund eine ganz besondere Beziehung. Hatte sein Vater noch revolutionären Ideen gehuldigt und sich 1849 sogar umstürzlerisch betätigt, ist der Sohn treuer Monarchist. Es ist ihm Herzensangelegenheit, im von Prinzessin Carola Prinzessin von Wasa

(1833–1907), der Gemahlin des Sachsen-Königs Albert (1828–1902), gegründeten Albertverein des Roten Kreuzes als Direktoriumsmitglied zu wirken. Ins Defilee vor der Herrscherfamilie zur 800-Jahrfeier des Hauses Wettin reiht sich die Molkerei mit einem besonders edel geschmückten Festwagen – allegorisch den Betrieb darstellend – ein. Auf dem Wagen thront der Besitzer selbst. Kurt Arnold Findeisen (1883–1963) ist davon so ergriffen, dass der Schriftsteller den Pfund'schen Wagen in seiner 1962 erschienenen Autobiographie „Der Perlenwagen. Bilderbogen einer Kinderzeit" erwähnt. Zum 70. Geburtstag und 25. Regierungsjubiläum Seiner Majestät des Königs Albert lässt Paul Pfund bei der Jubelfeier am 21. April 1898 die Belegschaft selbstverständlich patriotische Lieder wie „Den König segne Gott" singen, die Firmenkapelle Märsche wie „Mein Sachsenland" spielen.

Pfunds Firma und Produkte heimsen Medaillen in ganz Europa wie zur Weltausstellung in Paris ein. Eigentümer Pfund ist Träger diverser Auszeichnungen, u. a. seit 1887 der Staatsmedaille, Besitzer des Ehrenpokals der Stadt Dresden. Seine Majestät König Albert von Sachsen ernennt ihn am 23. Februar 1900 zum Königlich Sächsischen Kommerzienrat (Rang der 5. Klasse).

Zur Ehrerweisung gegenüber dem neuen König Friedrich August III. (1865–1932), der 1904 als letzter re-

Das Direktorium der „Dresdner Molkerei Gebrüder Pfund" begrüßt Sachsens Monarch vor der Betriebsbesichtigung an der auf der Bautzner Straße haltenden königlichen Kalesche.

Mit Joghurt-Reklame weckt man das Interesse der Dresdner für ein hier kaum bekanntes Milchprodukt.

gierender Wettiner den Thron besteigt, entsendet die Molkerei sächsische Fahnen schwenkendes Personal und blumengeschmückte Wagen. Das Königshaus dankt dem treuen Untertanen und Kommerzienrat seine Anhänglichkeit und Treue: Ihre Majestät Königin-Witwe Carola Prinzessin von Wasa schaut am 21. September 1905, mittags, für eine Stunde auf dem Gut Reinholdshain vorbei. Am 24. März 1906 darf der Senior sogar seinen Regenten, König Friedrich August III., im Betrieb auf der Bautzner Straße an der extra errichteten Ehrenpforte vor dem traumhaft schönen Milchladen begrüßen. Huldvoll trägt sich der Monarch ins Gästebuch ein. Sieben Jahre später, am 15. Mai 1913, würdigt der König Paul Pfund durch Ernennung zum Ritter des Albrechtsordens I. Klasse. Als Bürgerlichem stand ihm die nach Großkreuz, Komtur und Offizierskreuz kleinere, im Knopfloch bzw. am Band an der linken Brustseite zu tragende, Ritter-Variante des 1850 gestifteten Ordens zu. Sachsens erster Mann verlieh den Albrechtsorden in den verschiedenen Ausführungen für Dienste im Staat, Wissenschaft und Kunst sowie „für gute bürgerliche Tugenden".

Paul Pfund hatte sein Haus wohl bestellt, blickte mit Stolz vor allem auf seine Söhne Dr. phil. Kurt und Max Pfund, die am 30. April 1897 ihr erstes Gehalt bezogen. Der Doktor in der Familie wird am 14. Oktober 1897 neben Arthur Walter (gest. 1906) und Bernhard Ganßauge zum Prokuristen ernannt. 1899 geht der Akademiker für drei Jahre auf Weltreise, die ihn nach Ägypten, Deutsch-Ostafrika (11 Monate Expedition bis zum Nyassa, kreuz und quer durch die Kolonie), nach Transvaal und zur Kapkolonie, nach Deutsch-Südwest (9 Monate Reise durchs Schutzgebiet), dann nach Madagaskar, durch Indien und Ceylon, Australien, die deutsche Südsee, Holländisch-Indien, die Straits, Siam, Japan und durch die Vereinigten Staaten zurück in die Heimat führt. Er nutzt selbstverständlich diese Visiten, um Agenten der Firma für kondensierte Milch zu besuchen und neue Verbindungen zu knüpfen. Und schreibt das Buch „Kreuz und quer durch Deutsch-Ostafrika" (1912). Ein Bericht über Afrika trifft am 15. April 1900 aus Kairo in der Firma ein. In Singapur feiert er 1901 Geburtstag und in Melbourne verlobt er sich im gleichen Jahr mit Miss Elise Carter (†1918), welche er – am 24. Dezember 1901 nach Dresden zurückgekehrt – am 14. Mai 1902 heiratet. Das Paar lernte sich gelegentlich einer Schiffsreise auf dem Dampfer von Pfunds Freund, Zoodirektor Carl Hagenbeck (1844–1913) aus Hamburg, kennen. Im Folgejahr wird Tochter Senta Edith (1903–1992) und zwei Jahre darauf Sohn Paul Kurt Rolf (1905–1919) geboren. Dessen Leben endet tragisch. In Kiel erschießt ein Freund den Marinekadetten versehentlich beim Spielen mit der Pistole. Schwester Senta – ihr Patenonkel war

Beim Werbefeldzug hilft Pfunds „Joghurtmännchen" mit dem orientalischen Fez auf dem Kopf.

der spätere Reichskanzler Gustav Stresemann (1878–1929) – wird die zweite Frau des Berliner Bildhauers Herbert Garbe (1888–1945). Als SPD-Mitglied war Garbe an der Gestaltung des 1926 auf dem Zentralfriedhof Berlin-Friedrichsfelde errichteten und 1935 abgetragenen Revolutionsdenkmals beteiligt. 1933 in die NSDAP eingetreten, porträtierte er u. a. Diktator Benito Mussolini (1883–1945).

In zweiter Ehe vermählt sich Dr. phil. Pfund später mit Bergerette geb. de Monchy.

Auch Max Pfund wird nach Besuch der Höheren Schule als Milchwirts-Volontär zur Molkerei Dr. N. Herber nach Zürich geschickt. 1903 ernennt man den Tüftler unter den Brüdern zum Prokuristen. Aus den Vereinigten Staaten bringt er 1906 Ideen für neue Technik mit. Von ihm stammen Molkereihilfsmaschinen wie ein patentierter Kannenspül- und Abtropfapparat (Kaiserliches Patentamt Nr. 128375). 1909 ehelicht Max die Pianistin, Komponistin und Texterin Leonore, geborene Thiele, verwitwete Rossberg (1877–1972). Die in Glauchau geborene Tochter eines Kaufmanns und einer Konzertpianistin, welche am Konservatorium Leipzig studierte, schenkt ihrem Mann Sohn Peter Paul (1910–1975). Dirigent Wilhelm Furtwängler (1886–1954) schätzte ihr musikalisches Talent, legendär waren Klavier-Abende der Pianistin z. B. mit Werken von Robert (1810–1856) und Clara Schumann (1819–1896).

Traktate wie dieses informieren Hausfrauen über den gesundheitlichen Nutzen von Joghurt.

Nach einer Türkei-Reise begeisterten die Söhne den Vater, orientalischen Joghurt herzustellen. Es soll der erste Joghurt in Deutschland gewesen sein. Mit Schriften wie „Was ist Yoghurt? Ein Mittel zur Verlängerung des Lebens" popularisiert die „Dresdner Molkerei Gebrüder Pfund" noch Jahrzehnte später das „neue diätische Nahrungs- und Genussmittel".
Pfunds Töchter verheiraten sich in erster Ehe mit einem Juristen, einem Offizier, einem Adligen und einem Weltenbummler. Else, Liddy und die zur Gräfin erhobene Mathilde Bertha schreiten sogar während der im Elbtal Aufsehen erregenden Dreierhochzeit am 7. Mai 1898 in der Martin-Luther-Kirche gemeinsam vor den Altar. Die Verbindungen sind nur von kurzer Dauer. Nach Referendar Dr. jur. C. A. Max Fritzsche ging die früh verstorbene Else noch mit Rechtsanwalt Johannes Albert Wilhelm Klöckner (1869–1945) den Bund fürs Leben ein. Liddy, die sich mit dem Premierleutnant und Adjutant vom 13. Infanterieregiment Nr. 178 in Kamenz, Johann Carl Hermann Meinert (1869–1902), vermählt hatte, fand später als Oberleutnantswitwe an der Seite eines Diplomaten ihr Glück. Charlotte, welche bis zum Zusammenbruch 1945 mit Geld aus der Firma gut ausgestattet war, französische Sprache in Lausanne und Nancy, Englisch in London sowie an den Akademien von Berlin, Weimar und der Kunstgewerbeschule Dresden Malerei studierte, heiratete 1920 in Bandoeng den Fliegeroffizier, Teepflanzer, Automobilhändler sowie Konsul von Deutschland und Mexiko auf Sumatra, Krafft Georg Christian August Tesdorpf (1892–1959). Seine Titel lenken davon ab, dass er sich ständig in Geldnöten befand. Die Künstlerin und der Weltreisende mit dem unsteten Leben – auch das ging nicht ewig gut. 1932 lassen sie sich scheiden. Der Heißsporn Tesdorpf heiratete in Australien noch zweimal. Charlotte, die Berühmtheiten ihrer Zeit wie den Großmufti von Jerusalem porträtiert, zu deren Freundeskreis Welt-Persönlichkeiten zählen, verkehrt mit Kunstmaler Otto Dix (1891–1969), Schriftsteller Erich Maria Remarque (1898–1972), Verleger Ernst Rowohlt (1887–1960) oder Tanzgöttin Gret Palucca (1902–1993). Literaturnobelpreisträger Gerhart Hauptmann (1862–1946) pflegt sie in Korrespondenzen „Liebe Tochter Charlotte!" zu nennen. Ihrem Mann

setzt Dichtergenie Hauptmann mit seinem „Till Eulenspiegel" im 1920 bis 1927 entstandenen Werk „Des großen Kampffliegers, Landfahrers, Gauklers und Magiers Till Eulenspiegel Abenteuer, Streiche, Gaukeleien, Gesichte und Träume" (1928) schon zu Lebzeiten ein literarisches Denkmal. Nach dem Zweiten Weltkrieg bleibt Charlotte nur noch das Paradies der Erinnerung. Als sie die Demütigungen und Enteignungen der neuen roten Herrscher nicht mehr erträgt, setzt sie ihrem Leben selbst ein Ende.

Witwer Paul Pfund blieb – so scheint es – spätes Liebesglück versagt. Nachdem er seine erste Frau 1891 durch Tuberkulose verlor, heiratete er 1892 Babette Spanner. Als sich bei ihr schwerste Nervenleiden zeigen, muss sie in eine Heilanstalt eingewiesen und die Ehe nach nur einem Jahr geschieden werden. Schließlich vermählt sich der nach Jagdunfall auf einem Auge fast gänzlich blinde, durch Autounfall unter Brüchen an vier Rippen und zudem unter Alzheimer und Arteriosklerose leidende 71-Jährige am 1. Juni 1921 mit seiner 31 Jahre jüngeren, in Lübeck geborenen, Hausdame Elsa Louise Gustava Frida Schefferling (1881–1973). Paul Pfunds Kinder halten sie für eine Erbschleicherin und verbergen den schwerkranken, greisen Herrn ab 5. November 1921 bis zum Lebensende vor ihr. Erst in einem Sanatorium in Kassel-Wilhelmshöhe, zuletzt bei Tochter Liddy in Berlin. Die gelernte Krankenschwester schloss die zweite Ehe mit Dr. Georg Erich Windels (1884–1978), der seit 1921 als Geheimer Legationsrat im Auswärtigen Amt seinen Dienst verrichtet. Ab 1934 Generalkonsul in Mailand, wird Windels in gleicher Funktion 1937 nach Ottawa versetzt, wo er zum Freundeskreis des kanadischen Premiers William Lyon Mackenzie King (1874–1950) zählt. Zwischen 1939 und 1943 bekleidet der deutsche Diplomat den Rang eines Minister-Attachés der Botschaft des Deutschen Reiches in New York, eines Gesandten in Philadelphia und in der Türkei.

Am 10. Juli 1923 erlitt der Firmengründer in Berlin einen tödlichen Herzinfarkt. Nach Feuerbestattung wird seine Urne im Pfund'schen Familiengrab des Trinitatisfriedhofes, auf der seinen Dresdner Schöpfungen gegenüberliegenden Elbseite, zur ewigen Ruhe gebettet.

Rein wie Kleopatra – das Beauty-Geheimnis der Milchseife

Königin Kleopatra VII. Philopator (69 –30 v. Chr.), die seit 51. v. Chr. über das Ptolemäerreich herrschte, ist bis heute in aller Munde. Sie galt als vielseitig gebildet, soll Mazedonisch, Hebräisch, Ägyptisch, Syrisch sowie die Sprachen der Meder, Parther und Äthiopier verstanden haben. Vor allem rühmt man die Schönheit dieser charismatischen und durchsetzungsstarken Frau, der Staatsmänner der Antike wie Gaius Iulius Caesar (100–44 v. Chr.) und Marcus Antonius (86 bis 82–30 v. Chr.) reihenweise verfielen. „Schön wie Kleopatra" ist ein geflügeltes Wort, das die Zeiten überdauerte. Dabei hinterließ Geschichtsschreiber Plutarch über die Ägypterin: „Sie vermochte nicht, durch bloßen Anblick zu betören … Der Zauber ihrer Rede, die geistige Anmut ihres ganzen Wesens verliehen ihren Reizen einen Stachel, der sich tief in die Seele eindrückte." Auch syrisch-römische Münzen mit ihrem Ebenbild zeigen kein Topmodel. Doch über die Jahrtausende erhielt sich der Mythos, Kleopatra habe mit Bädern in Honig und Milch ihre körperlichen Reize erhalten.

Das beeindruckte selbstverständlich auch Paul Pfund. Der Dresdner Molkereibesitzer hatte zwar nicht Zugriff

Reklametafel für Pfunds Milchseife aus der Frühzeit ihrer Produktion

Einst zierte diese Büste das Schaufenster einer Dresdner Drogerie.

auf die nötigen Mengen Esels- oder Stutenmilch, mit denen die Herrscherin ihre Haut gepflegt haben soll. Dafür war Kuhmilch reichlich verfügbar und ließ in ihm eine neue Geschäftsidee reifen: „2. Mai 1892: Mit der Fabrikation von Milchseife wird begonnen und hierzu das Patent von Pallausch erworben, später der Parfümier Lehmann engagiert", heißt es dazu in der „Fest-Nummer" der Betriebszeitung zum groß gefeierten 25-jährigen Geschäftsjubiläum der „Dresdner Molkerei Gebrüder Pfund" 1905.

Die Botschaft der Seife „Aus reiner Kuhmilch hergestellt" bzw. später sogar „Aus reiner bester Kuhmilch hergestellt" entfaltete zusammen mit teilweise aggressiven, raffiniert ausgeklügelten Werbestrategien – in Zeitungen, z. B. auch durch Scherz-Postkarten und künstlerisch gestaltete Aufsteller sowie durch Heerscharen reisender Handelsvertreter – im Laufe der Jahre eine grandiose Wirkung. Nachdem die ersten Kartons „Pfunds

Pfunds wohlriechende Milchseife eroberte ab 1892 die Haushalte.

Werbeaufsteller mit ausgestanzten Figuren machten die Hausfrauen auf die anspruchsvolle Hautpflege-Seife aus bester Kuhmilch aufmerksam.

Milchseife, beste Toiletten-, Bade- und Kinderseife" (große Seifenstücke 60 Pfennige, kleine Stücke 23 Pfennige) in den eigenen Filialen verteilt sowie an Drogerien und Parfümeriewaren-Handlungen ausgeliefert worden waren, zeichnete sich ab, dass man einen Nerv der Zeit getroffen hatte. Das vorteilhafte Image der Milch als gesundheitsförderndes, vitalisierendes Produkt zusammen mit dem Bedürfnis nach Sauberkeit, reiner, glatter Haut und ewiger Jugend erwies sich als Glücks-Kombination. Kein Wunder, dass eine hiesige Fabrik über den neuen Mitbewerber wenig amü-

Viele Kunden eroberte Paul Pfund auch mit solchen Scherz-Postkarten.

(Louis) Jumpelt (1821–1896) in der Elbestadt die „Parfümerie- und Toilettenseifenfabrik Louis Jumpelt" gegründet – per Zeitungs-Annonce mit der unliebsamen Konkurrenz auseinander. Obwohl man sogar das renommierte „Öffentliche chemische Laboratorium" des Nahrungsmittelchemikers Dr. phil. Rudolf Hefelmann (geb. 1863) als Zeugen für die strittige Wirkung des Butterfetts bemühte, ließ sich der Siegeszug der Milchseife nicht mehr aufhalten. Europaweit fand sie Liebhaber. Details zur Herstellung

siert war. 1894 setzte sich Prokurist Lothar Alexander Jumpelt (1854–1914) – 1846 hatte sein Vater August Ludwig

bleiben, streng gehütet, lange nur Prokuristen und Werkmeister vorbehalten.

Dr. phil. Kurt Pfund schreibt dazu: „Das Sieden der Seife selbst ist Fabrikationsgeheimnis. Die angewandte Methode hat es möglich gemacht, daß zu der hergestellten Seife Milch verwendet wird, wodurch sie nach Ansicht des Unternehmers anderen Fabrikaten gegenüber brauchbarer und wertvoller wird."

Schon drei Jahre nach Aufnahme der Produktion waren vier Maschinen und vier bis fünf Arbeiter in der Seifenabteilung der Molkerei beschäftigt: „Die Verarbeitung des durch Sieden gewonnenen Stoffes zu handelsfähiger Ware geht mittels vier Arbeitsmaschinen vor sich, wovon drei durch Kraftmaschinen in Bewegung gesetzt werden. Die erste und zweite Maschine besorgen das Schneiden und Mahlen der Seife und das Parfümieren derselben, die dritte formt sie in Stücke von ca. 100 Gramm Gewicht und die vierte mit der Hand bewegte Stanze gibt der Seife den erforderlichen Glanz und die Prägung. Diese Maschinen werden von einer männlichen und einer weiblichen Arbeitskraft bedient. Das Verpacken der Seife in Pappkartons besorgen zwei bis drei Arbeiterinnen. Der Vertrieb der Milchseife erfolgt mit nicht unbedeutendem Reklame-Aufwand in den erwähnten Verkaufsläden (Filialen) durch die Transporteure, zum größten Teil aber durch das Angebot besonders angestellter Reisenden, Vertreter, Agenten und Kommissionäre, in Detailgeschäften, sowie durch Massen-Export nach Österreich, Rußland, Italien etc."

Wellness-Experten sprechen dem Milchfett heute eine die Haut beruhigende Wirkung zu. Die Milchsäure speichere Feuchtigkeit, B-Vitamine glätten die Haut, die Vitamine A und E in der Milch sollen vor den sogenannten „Freien Radikalen" – diese Sauerstoffverbindungen können der Haut schaden, ihren Alterungsprozess beschleunigen – schützen. So erfreut sich „Pfunds Milchseife" (100 Gramm), nach altem Rezept in Handarbeit aus reinen Naturstoffen mit Kuhmilch und Geranienöl hergestellt und in historischer Verpackung, auch im 21. Jahrhundert unter Dresdnern und Touristen großer Beliebtheit. 2020 eröffnete der Besitzer von „Pfunds Molkerei", direkt neben dem historischen Milchladen, dafür sogar ein extra Seifen-Fachgeschäft.

Sammelbilder, die unterhalten, belehren und die Welt erklären

Es muss um 1900 gewesen sein. Da bekam plötzlich, wer bei Pfund Milch, Quark, Butter, Käse oder die neuen Produkte wie „Pfunds codensirte Milch" kaufte, ein buntes Bildchen von der Verkäuferin überreicht. Auf den 7,2 cm mal 10,7 cm großen Karten (später auch 6,8 cm mal 10,5 cm bis 7 cm mal 10,5 cm), das steife Papier ähnelt Spielkarten, ist vorn neben Werbung für Kondensmilch (später auch für Milchseife sowie der Aufschrift „Dresdner Molkerei Gebrüder Pfund") eine farbige Abbildung zu sehen. Auf der Rückseite werden Pfund-Produkte beworben und ab einem bestimmten Zeitpunkt auch die umseitige Abbildung erläutert.

Eine der ganz frühen Sammelkarten

Diese „Kaufmannsbilder" sind vor allem unter der Bezeichnung „Zigarettenbilder" bekannt, weil Zigarettenhersteller diese Bilderflut perfektionierten. Ihre Geschichte begann in Deutschland mit dem Schokoladenfabrikanten Franz Stollwerk (1815–1876). Als Geselle in Paris sah er, wie Kaufhaus-Kunden ein Bildpräsent erhielten, welches sie zum Wiederkauf motivieren sollte. Erste ließ Stollwerk 1840 seiner Kundschaft übergeben. Sein Sohn Ludwig (1857–1922) entwickelte diese Idee ab 1873 weiter, indem er jeweils Serien zu Gruppen von sechs Bilderkärtchen mit rückseitiger Werbung und Bilderläuterungen in Reimform produzieren ließ – die „Sammelbilder" waren geboren. Später wurden dafür auch Alben mitgeliefert, welche die Sammelleidenschaft der Kundschaft für die Karten und damit die Bindung an ein Produkt nochmals beflügelten. Ab 1887 stellte Stollwerk sogar Verkaufsautomaten auf, deren Schokoladen-Verpackungen jeweils ein Sammelbild enthielten.

Nachahmer gab es im ganzen Deutschen Reich und darüber hinaus: Dresdner Schokoladenhersteller wie die 1843 gegründete Fabrik „C. C. Petzold & Aulhorn", das seit 1858 existierende Unternehmen von Otto Rüger (1831–1905) sowie die durch den Tell-Apfel bekannte Firma „Hartwig & Vogel" (seit 1870) nutzten nach 1900 genauso wie „Kathreiner" in München (gegründet 1829), „Sarotti" in Berlin (gegründet 1868), „Sprengel" in Hannover (gegründet 1851) oder Kaffee-Röster Julius Meinl in Wien (gegründet 1862) Sammelbilder.

Molkereibesitzer Paul Pfund wollte sich diese moderne Marketing-Möglichkeit nicht entgehen lassen. Und gab ebenfalls Serien zu je sechs Motiven heraus. Zu den frühesten erhaltenen gehören jene aus den Bereichen Tierwelt, Geographie, Märchen, Briefmarken- und Postgeschichte, Wettererscheinungen oder technische Errungenschaften, darunter Waffen.

Die ersten dieser Karten – dazu zählen jene mit Bildern über historische Ereignisse wie den Besuch des deutschen Kaisers am 31. Oktober 1898 in Jerusalem oder Szenen vom Russisch-Japanischen Krieg 1904/05 – waren noch

Mit dem Fuchs als erstem Motiv startete die „Dresdner Molkerei Gebrüder Pfund" ihre Tradition nummerierter Sammelkarten-Serien.

ohne Seriennummer. Vorher muss es sogar eine schwarz-weiße Monarchen-Reihe gegeben haben.

Etwa ab 1905 werden die Karten mit fortlaufenden Nummern versehen. Vorn werben sie mit winzigen Abbildungen – neben der Kondensmilch auch für „Pfunds Milch-Seife" – und auf der Rückseite zudem für „Pfunds sterilisierten Milchzucker. Chemisch rein, in Dosen und Paketen".

Serie 1 zeigt mit Fuchs (Bild 1), Berberlöwe (Bild 2), Bengal-Tiger (Bild 3), Panther (Bild 4), Wolf (Bild 5), Braunem oder Landbär (Bild 6) Wildtiere. Serie 2 bietet ein buntes Potpourri aus der Vogelwelt, Serie 3 auf sechs Karten 58 Arten Schmetterlinge, Serie 4

Dresdner Molkerei
Gebrüder Pfund.
Vereinigte Staaten
von Nordamerika.
Serie 12: 1

Dresdner Molkerei
Gebrüder Pfund.
Kanada.
Serie 12: 2

Dresdner Molkerei
Gebrüder Pfund.
Mexico.
Serie 12: 3

Dresdner Molkerei
Gebrüder Pfund.
Peru.
Serie 12: 4

Dresdner Molkerei
Gebrüder Pfund.
Venezuela.
Serie 12: 5

Dresdner Molkerei
Gebrüder Pfund.
Chile.
Serie 12: 6

Die „Vereinigten Staaten von Nordamerika“, deren Flagge und Wappen umstehendes Bild zeigt, ist eine Föderativ-Republik von 45 Staaten, mit einem Flächeninhalt von 9 364 519 qkm und 76 061 128 Einwohnern.
Staatsoberhaupt ist Präsident Theodor Roosevelt.
Die Hauptstadt ist Washington mit 280 000 Einw.; die größten Städte sind: New York (3 437 000 Einw.), Chicago (1 699 000 Einw.), Philadelphia (1 294 000 Einw.) und St. Louis (575 000 Einw.).
Ausgeführt wird hauptsächlich: Getreide, Baumwolle, Eisenwaren, Petroleum, Tabak, Fleisch, Obst, Tiere, Leder, Holz, Kupfer, Eisen und Kohlen.
Die Länge des Eisenbahnnetzes beträgt 307 050 Kilometer.
Amerika wurde am 12. Oktober 1492 von Columbus entdeckt. Nordamerika hat sich sehr schnell kultiviert, denn es ist jetzt eines der reichsten Länder der Welt. Die Vereinigten Staaten von Nordamerika sind fast ebenso groß, wie der ganze Erdteil Europa.
Der nordamerikanische Münzfuß ist: 1 Dollar à 100 Cents = 4,20 ℳ deutsch. Währung. 10 Dollar = 1 Eagle.

Pfunds condensierte Milch
Nahrung für kleine Kinder. Ersatz für Milch und Sahne. Jede Dose ist mit einem Patentöffner versehen.

Pfunds sterilis. Milchzucker
Chemisch rein. In Dosen und Paketen.

Pfunds Milchseife
Milde Toilette- u. Kinder-Badeseife.

Dresdner Molkerei Gebrüder Pfund
Lobositz i. B. Dresden-N. London E. C.

Rückseite mit Reklame und Erklärung von Karte 1 der Serie 12

Schlangen aus aller Welt, Serie 5 Hunderassen.

Nach den „Staaten Afrikas“ (Serie 11) kamen die „Staaten Amerikas“ (Serie 12) und „Britische Kolonien“ (Serie 13) heraus. Spätestens mit Serie 25 startete eine Folge von „Märchen aus Tausend und einer Nacht“ wie „Aladin und die Wunderlampe“, „Der Zauberbrunnen“ (Serie 26), „Prinz Achmed und die Fee“ (Serie 28), „Der Fischer und der Geist“ (Serie 29) oder „Sindbads Reisen“ (Serie 38).

Motive aus dem Postwesen und Briefmarken von 48 Staaten zeigen die Serien 56 bis 63. Die rückseitigen Erläuterungen führen dem heutigen Betrachter jedoch den Mangel an länder-

Komplette Serie 12 mit den „Staaten Amerikas“

Abbildung aus dem Märchen „Der Fischer und der Geist“

Aus „Sindbads dritter Reise“ stammt diese Zeichnung.

typischen Recherchen vor Augen. Man wird mit allgemeinen Informationen „abgespeist“. Auf der Karte „Die Post in Peru“ (Serie 63, Motiv 5) – sie zeigt neben drei Briefmarken des Landes und zwei nackten Männern, die mittels eines Baumstammes wohl eine Postsache über einen Fluss transportieren wollen – heißt es z. B. ohne jeden Bezug zu Peru lapidar: „Der Wert einer Briefmarke wird durch ihren Seltenheitsgrad bestimmt. Alte Rumänien, Schweizer Kantonalmarken, einige Spanier, Australier, Amerikaner z. B. stehen sehr hoch im Preise …“

Karte 6 der Serie 78 erläutert, u. a. Wettererscheinungen vorstellend, in volkstümlicher, populärer Sprache: „Der Schnee bildet sich nach denselben Gesetzen wie der Regen. Wenn die Wasserdämpfe sich bei einer Temperatur unter dem Gefrierpunkt verdichten, so bildet sich Schnee; die einzelnen Flocken heißen Schneekristalle und haben mannigfache, hübsche Formen.“ Unter den in Serie 79 vorgestellten neuen technischen Erfindungen ist auf Karte 5 die „Röntgen-Strahlen-Photographie“ erklärt. Serie 80 zeigt moderne Verkehrsmittel wie die „Elektrische

Auch neueste technische Errungenschaften wie die „Röntgen-Strahlen-Photographie“ werden thematisiert.

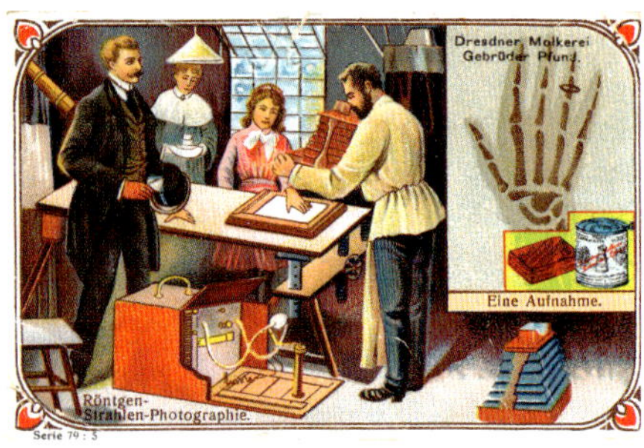

Serie 81 mit dem U-Boot-Motiv lässt heutige Betrachter erahnen, wie die Kriegsbegeisterung vor dem Ersten Weltkrieg entstand.

Schwebebahn“ (Motiv 2), die „Elektrische Hochbahn“ (Motiv 3) oder die „Untergrundbahn“ in London (Motiv 4). Da eine sechste Variante fehlte, wurde einfach eine Abbildung eines „Automobil-Sprengwagens in Paris“ integriert. Neue maritime Technik demonstriert Serie 81, Erfindungen zwischen Mittelalter und Neuzeit – vom Buchdruck bis zum Fernsprechapparat – bebildert Serie 82.

Gesellschaftsspiele (Serie 84) und historische wie moderne Waffen (Serie 85) sind ebenfalls Themen. Serie 86 widmet sich „Kleinen Völkern“, wobei man „Ozeanische Neger“, „Indianer“, „Zigeuner“, „Afrikanische Zwergvölker“, „Basken“ und „Australier“ vorstellt. „Orden Europas“ (Serie 87) und wieder „Schmetterlinge“ (Serie 88) schließen sich an. Serie 109 umfasst das japanische Märchen „Der Berggeist“, es folgt ein chinesisches Märchen namens „Das Lilienmädchen“.

In Alben (27,5 cm mal 28,5 cm groß bis 27,7 cm mal 29,5 cm), die es mit blauem, grünem und rotem Einband gibt, konnte man alle Bilder sammeln. Bislang kennt der Autor als späteste Serie Nummer 5505. Deren Motiv 3 zeigt den Broadway in New York.

Der Broadway in New York aus Serie 5505

Ein Molkerei-Gigant im Strudel zwischen zwei Weltkriegen

Dr. phil. Kurt Pfund war Chef der Kondensmilch-Fabrikation in Lobositz.

Der Erste Weltkrieg 1914 bis 1918 und seine Folgen bedeuteten eine erste schwere Zäsur für die „Dresdner Molkerei Gebrüder Pfund“. Sie „erschütterten das Unternehmen bis auf seine Grundmauern“, ist später in der Firmenchronik zu lesen. Dr. phil. Kurt und Max Pfund sowie zahlreiche Angestellte gingen schon in den ersten Tagen der Mobilmachung an die Front.

Vor allem der Kondensmilch-Export brach ein: „Gleich zu Anfang wirkte sich der Krieg für das Unternehmen auch wirtschaftlich schwer aus. Auf allen Meeren schwamm Pfunds Kondensmilch ihren Bestimmungshäfen zu, um fast überall von dem Engländer beschlagnahmt zu werden. Auch die Außenstände von Übersee gingen nicht mehr ein und die finanziellen Verluste waren kaum tragbar“, klagt das Direktorium Jahrzehnte später.

Unternehmensgründer Paul Pfund um 1922

Paul Pfund als angesehener hiesiger Unternehmer wurde von der Dresdner Stadtverwaltung Ende 1917 in den „Sachverständigen-Ausschuss zur Verteilung der Mobilmachungspferde auf die Friedensbetriebe“ berufen. Das Landeslebensmittelamt des Königlichen Sächsischen Ministeriums des Innern hatte in den letzten Kriegsmonaten noch 3400 Zentner

Direktor Max Pfund

der Staatsreserve an Speck und Fleischwaren zu verteilen, integrierte den Molkereichef in eine Kommission, welche diese Vorräte als Lebensmittelzulagen für Schwer- und Schwerstarbeiter bewilligte.

1934 resümiert man in einer Firmen-Chronik: „In Dresden gab es während des Krieges schwer zu ringen, wie es allen Firmen erging, die sich nicht an Heereslieferungen im großen beteiligen konnten. Paul Pfund und seine treuen Mitarbeiter sahen alle Bemühungen scheitern, den täglich wachsenden Milch- und Buttermangel zu steuern. Die Markenwirtschaft und die damit verhängnisvolle Rationierung verhinderten jede Initiative; alle Ware suchte Schleichwege auf und verschwand spurlos vom Markte. Fast alle noch kennen jene Hungerjahre, in denen sogar die Kinder kaum noch Milch erhielten, nicht zu sprechen von den Kranken und Alten ..."

Hochfliegende Pläne schmolzen wie Butter in der Sonne, die Belegschaft reduzierte sich auf 108 Festangestellte. Nach Kriegsende war bezüglich des Kondensmilchgeschäfts zu konstatieren: „Holländische und amerikanische Firmen hatten sich, in den 4 Kriegsjahren mit ihren Marken, festgesetzt. Und vor allem waren in den Importländern selbst Fabriken entstanden. Auch in Deutschland vermehrten sie sich von einigen wenigen in der Vorkriegszeit auf etwa 25 im Jahre 1929, so daß das Inlandsgeschäft sehr erschwert ist."

Um die drohende Enteignung der Lobositzer Fabrik zu verhindern, siedelte Dr. phil. Kurt Pfund in die böhmische Stadt über und versuchte, mit Bruder Max als stillem Teilhaber, die „Milchwerke Dr. Pfund" wieder aufzubauen.

Die Katastrophen der Inflationszeit mit ihrer Entwertung des Geldes – zeitweilig kostete das Stück Butter 1 Billion und der Liter Milch 264 Milliarden Mark – gingen einher mit dem geistigen und körperlichen Verfall des Firmen-Gründers Paul Pfund, der Mitte 1923 verstarb.

Kurz vor seinem Tode, am 4. Juni 1923, wurde der Betrieb per Gesellschaftervertrag in eine Familien-GmbH unter der alten Firmierung „Dresdner Molkerei Gebrüder Pfund" mit den beiden Direktoren Bernhard Ganßauge als kaufmännischem Leiter (Eintritt in den Ruhestand 1936) und Max Pfund als technischem Leiter umgewandelt. Der Eintrag ins Handelsregister erfolgte am 13. Juli 1923. Betrug das Stammkapital zunächst 30 Millionen Mark, wurde es nach der Goldmark-Eröffnungsbilanz durch Beschluss der Gesellschafterversammlung vom 28. Oktober 1924 auf 630 000 Reichsmark umgestellt.

Das Kontor in der ersten Etage

Direktor Bernhard Ganßauge

Es spricht für die Solidität der Unternehmung, dass ab 1925 eine rasche Erholung der wirtschaftlichen Verhältnisse eintrat. Die Schweinemast in Mickten, inzwischen von Wohnhäusern umzingelt und wegen der Emissionen nicht mehr haltbar, wurde gewinnbringend verkauft und dafür die

Grundstücke Bautzner Straße 73, 75 und 77 erworben.
Um 1934 ist der Betrieb in folgende Abteilungen gegliedert: Im Erdgeschoss Bautzner Straße 79 das historische Hauptgeschäft, im ersten Stockwerk der verbundenen Gebäude Bautzner Straße 79/81 befinden sich Kontore mit Kasse, Krankenkassen-Abteilung, Abrechnungsbüro für 60 Ausfahrer und 55 Läden, Buchhaltung, Direktionszimmer und Sitzungszimmer. Im zweiten Stockwerk der Bautzner Straße 79 ist das Labor mit Milchuntersuchungs-Abteilung (Fettgehalt, spez. Gewicht und Säuregehalt) sowie die bakteriologische Abteilung (Untersuchungen auf Schmutz, Verwässerung,

Die große Dampfmaschine

Arbeitsalltag an den Milch-Zentrifugen

Keimgehalt, Butteruntersuchungen, Fettuntersuchungen, Züchtung von Joghurt-Kulturen etc.) untergebracht.
In der Milchannahme (Seitenbau, Erdgeschoss) wird die angelieferte Milch in zwei Bassins entleert und per Pumpen ins zweite Stockwerk gedrückt. Mittels Wasser, Lauge, Dampf und heißer Luft reinigt eine Anlage sofort automatisch die Kannen (Kapazität 700 Kannen pro Stunde). Es folgt die Dauerpasteurisierung (Seitenbau, 1. bis 3. Stock), wobei die rohe Milch die Reinigungszentrifuge durchfließt, Vorwärmer, Rückkühler und Erhitzer durchströmt und dann unter ständigem

Ein Mitarbeiter an der Butterpresse

bau, Erdgeschoss). Überflüssige Milch wird zum Kühlhalten im Milchkeller (Seitenbau, Kellergeschoss) aufbewahrt, der über zehn Bassins (30 000 Liter Fassungsvermögen) verfügt. Einen anderen Teil der Milch leitet man in den Zentrifugenraum (Mittelbau, Erd- und Keller-

Rühren in vier Heißhaltungswannen 30 Minuten lang auf 63 bis 65 Grad Celsius erhitzt wird. Durch Rückkühler, Wasser- und Eiswasserkühler gelangt, hat die Milch am Ende 3 Grad Celsius und verweilt, bis zur Ausgabe in plombierten Kannen an Ausfahrer und Läden, in den Bassins mit Rührwerken der Vollmilchausgabe (Seiten-

Das moderne Labor der Molkerei

An der Verladerampe

geschoss), wo die Milch in zwei Milchschleudern in Butterrahm (20 % Fettgehalt), Kaffeesahne (10 % Fettgehalt) und Magermilch zerlegt wird. Die Schlagsahne wartet einige Tage nahe dem Gefrierpunkt – um schlagfähig zu werden. Kaffeesahne durchläuft die Homogeniersiermaschine, kommt nach Pasteurisieren und Tiefkühlen in Flaschen.

Die tiefgekühlte Buttersahne säuern Experten in der Butterei (Seitenbau, Keller) mit Reinkulturen an. In zwei großen, sich drehenden, Butterfässern entstehen Butter und Buttermilch. Leicht gesalzen, maschinell ausgeformt und verpackt, wartet die Butter im Kühlraum auf den Verkauf. In der Käserei (Mittelbau, Keller) laben Fachleute in zehn Bassins (je 2500 Liter) die Magermilch ein, sodass – beschleunigt durch Pressen – Quark und Molke (für Milchzucker, Molkeneiweiß, chemische Produkte, Schweinefutter) entstehen. Im Erdgeschoss des Seitenbaus befinden sich Ausgaberäume für Quark und Käse sowie für Buttermilch.

Die firmeneigene Druckerei und Setzerei

Getrennt von der übrigen Milchproduktion ist die Abteilung für Vorzugs- und Flaschenmilch (Prießnitzstraße 11, Seiten- und Neubau). Kur- und Kindermilch von besonders kontrollierten Kühen

Postkarte aus der Betriebsdruckerei

wird im Biorisator-Apparat zerstäubt, bei 85 Grad Celsius erhitzt, gekühlt und in gereinigte Flaschen gefüllt. Die Joghurt-Abteilung (Prießnitzstraße 7, Erdgeschoss) stellt aus Vollmilch durch ein spezielles Ferment in Bechern Joghurt her. In der Eier-Abteilung (Seitenbau, Keller) werden jährlich Millionen Hühnereier sortiert, durchleuchtet, gereinigt, verpackt und zum Verkauf vorbereitet. Drei Dampfkessel mit 36 Meter hohem Schornstein halten die aus 150-PS-Hauptmaschine und 85-PS-Reservemaschine bestehende Kraftanlage (hinterer Mittelbau) in Betrieb. Abdampf kam den Pasteurisier-, Sterilisier- und Kondensierapparaten sowie Heizzwecken zugute. Über Transmissionen erfolgte die Kraftübertragung zu den Maschinen. Auch zu den beiden Kompressoren der Eismaschinen, welche in acht

Lieferwagen mit Fahrer Rudolf Bläsche um 1935 vor dem Dresdner Kugelhaus

Als Buttterersatz brachte Pfund auch eine Margarine auf den Markt.

Stunden 200 Stangen Eis (für Läden und Ausfahrer) produzierten sowie für die Kühlkeller 36 000 Liter Salzwasser auf 12 bis 15 Grad Celsius herunterkühlten.

Es gab eine Kondensmilchabteilung (1. Stock, vorderer Mittelbau und hinterer Seitenbau) und die Dosenfabrik (hinterer Seitenbau, 2. Stock). In den Grundstücken Prießnitzstraße 10 bis 14 befanden sich die Ställe für 85 Pferde, Autoschuppen, Zimmer-, Tischler-, Stellmacher-Werkstätten, Schlosserei, Wagen- und Beschlagschmiede, Klempnerei, Verzinnerei und Lackiererei sowie die Betriebsdruckerei mit Kartonagenabteilung. Sie zeichnete für Geschäftspapiere, Etiketten, Einschlagpapiere, Flaschenverschlüsse verantwortlich, druckte aber auch Werbeschriften wie „Speisequark und was man daraus machen kann!“.

Aufgrund des „Gesetzes zur Ordnung der nationalen Arbeit“ erlässt Betriebsführer Ganßauge am 16. Juni 1934 die Betriebsordnung (trat am 1. Juli in Kraft). Sie regelte u. a. die Arbeitszeiten (acht Stunden täglich), die Löhne (z. B. Kraftfahrer pro Woche 42 Mark), Urlaub (Arbeitnehmer, über 30 Jahre alt und über 10 Jahre beschäftigt, erhalten 12 Werktage Urlaub). Unter „Ordnung und Sicherheit im Betrieb“ wird „das Ausspucken auf den Fußboden in sämtlichen Molkerei- und Fabrikräumen“ verboten.

1938 ist die alte Belegschaftsstärke mit 550 Personen wieder erreicht, beliefern 65 Pferdewagen und 100 Handwagen die 58 Filialen und Einzelkunden.

Die nationalsozialistische Wirtschaftspolitik schränkte das freie Unternehmertum des Mittelstandes durch Restriktionen wie die Mitgliedschaft in Zwangsverbänden, die Aufteilung von Absatzgebieten oder Lieferverbote an Privatkunden frei Haus ein. Es gab unter den Nazis sogar – so erläutert es Paul Friedrich Pfund in seinem Werk „Bei Pfunds war die Milch weißer“ anhand einer Korrespondenz zwischen Konsul Erich Windels und Sachsens Gauleiter Martin Mutschmann (1879–1947) vom Jahre 1937– Versuche, die Molkerei zu enteignen. Betriebsführer Max Pfund konnte sich zwar der engeren Bindung an die NSDAP entziehen, musste jedoch die Gründung einer „Nationalsozialistischen Betriebszelle“ dulden und Ende 1938 die Belegschaft um 220 Gefolgschaftsmitglieder vermindern – diesen zahlte die Firma 24 000 Mark Entschädigung. Nötige Investitionen unterblieben. Nach dem Kriege schätzte die Familie ihre Schäden durch Nazi-Unterdrückung auf rund $^1/_3$ Millionen Mark.

Der grausame Zweite Weltkrieg 1939 bis 1945 bedeutete einen gewaltigen Aderlass für die Molkerei. Max Pfunds Sohn Peter Paul (1910–1975) ehelichte 1934 Johanne Elisabeth geb. Krumpholz (1909–1971). Neben Sohn Paul Friedrich wurde ihnen 1945 noch Tochter Regina Sophia geboren. Peter Paul musste wie viele Mitarbeiter an die Front. Dass Max Pfund sich gegenüber seinen Fremdarbeitern „menschlich, hilfsbereit und freundlich zeigte“ – so schreibt es sein Enkel –, rettete

Dresden glich nach dem Inferno des 13./14. Februar 1945 einer Trümmerwüste. Auch von Pfunds Filiale neben der Frauenkirche am Neumarkt blieb nur eine Ruine.

den gegenüber Besatzern als Kapitalisten denunzierten Mann sogar vor der Exekution durch ein russisches Erschießungskommando.

Das „Handbuch der großen GmbH, KG, OHG, Einzelfirmen" von 1944 verzeichnet die „Dresdner Molkerei Gebrüder Pfund GmbH" unter Geschäftsführer Direktor Max Pfund als Großmolkerei mit Kondensmilch- und Kunsthonig-Fabrik mit eigenem Großfilialbetrieb (55 Läden und 24 Wagen) und 945 000 Reichsmark Stammkapital. Die Erhöhung um 315 000 Reichsmark war am 22. Mai 1943 beschlossen worden. An Erzeugnissen sind Milch, Sahne, Butter, Quark, Joghurt, ungezuckerte Kondensmilch in Dosen, gezuckerte Kondensmilch (auch Großpackungen) und Kunsthonig aufgeführt.

Im Inferno des 13./14. Februar 1945 von Dresden werden 35 Verkaufsläden und mit ihnen alle Lebensmittelbestände vernichtet. Mit dem Einmarsch der Roten Armee am 7. Mai 1945 ist zwar das Naziregime besiegt, steht man aber vor schier unlösbaren Problemen und völliger Ungewissheit über die Zukunft. „Herr Direktor Max Pfund hat auch in den kritischen Tagen im Mai 1945 seinen Betrieb nicht im Stich gelassen. Die Milchversorgung der Dresdner Kinder ging sofort nach kurzer Pause weiter. Dank der Unterstützung der Roten Armee, welche uns Fahrzeuge zur Verfügung stellte, konnten wir Milch von den umliegenden Dörfern hereinholen", ist in der Festschrift zur 75-Jahrfeier 1955 zu lesen. Per Handwagen bugsierten die verbliebenen 130 Mitarbeiter Lebensmittel von den Verteilerstellen in die Läden. Sogar für das in den 1930er Jahren verloren gegangene Liefergebiet jenseits der Elbe fühlte man sich verantwortlich. Max Pfund, in seiner kaufmännischen Freiheit wieder gewaltig eingeschränkt und der Altstadt-Filialen beraubt, musste am 21. Dezember 1946 erleben, wie per Befehl Nr. 354 des Obersten Chefs der SMAD, dem Oberbefehlshaber der Sowjetischen Militär-Administration in Deutschland, sein Betrieb mit etwa 250 Personen wegen angeblicher Sabotage und mangelnder Hygienestandards beschlagnahmt und kurzzeitig geschlossen wurde. Womöglich waren sogar die Demontage und der Abtransport der Anlagen geplant. Erst am 3. Juli 1947 entlastete die Staatsanwaltschaft den Geschäftsführer und Miteigentümer vollumfänglich. Durch koronare Herzkrankheit gesundheitlich sehr angeschlagen, zog er sich am 31. März 1947 aus dem Unternehmen zurück. Die Sequestrierung des Vermögens hob dann ein weiterer Befehl des Obersten Chefs der SMAD auf. Die Zustellungsurkunde an die „Firma Gebrüder Pfund, Dresden" – ausgestellt vom Minister des Innern der Landesregierung Sachsen – ist auf den 25. November 1948 datiert. Allerdings hatte das Ministerium für Lebensmittelindustrie der Union der Sozialistischen Sowjetrepubliken vorher technische Zeichnungen aller wichtigen Maschinen anfertigen lassen und die Produktionsabläufe dokumentiert – für einen Nachbau in der Sowjetunion!

Endstation Hühnerklein – Enteignung und Verfall zu DDR-Zeiten

Die Jahrzehnte zwischen der unter russischer Besatzung erfolgten Gründung der Deutschen Demokratischen Republik (DDR) am 7. Oktober 1949 und ihrem friedlichen Untergang ab Herbst 1989 wurden für die „Dresdner Molkerei Gebrüder Pfund GmbH" eine nicht enden wollende Tragödie.

Unter dem alten Traditionsnamen, mit 19 Verkaufsstellen und seit 1950 mit Gründerenkel Peter Paul Pfund als Betriebsleiter, hat die Familie in den ersten DDR-Jahren wohl noch Hoffnung, sich mit dem neuen „Arbeiter- und Bauernstaat" irgendwie arrangieren zu können. Was unter Monarchie, Weimarer Republik, dem sogenannten „Dritten Reich" und Sowjetischer Militäradministration gelang, erwies sich angesichts sozialistischer Bevormundung jedoch zunehmend als kompliziert. Einfallsreich versucht man die kargen Jahre rationierter Grundnahrungsmittel durch alte Eigenkreationen wie Molkenlimonaden oder Schlagschaum aus Molke und Magermilch (zum Schlagsahne-Ersatz) erträglicher zu gestalten. Es gibt eine Wurst aus Molkenquark. Produzierte die Firma schon vor dem Krieg Obstkonserven und Kunsthonig, versucht die Molkerei

Titelseite der Festschrift zum 75-jährigen Firmenjubiläum im Jahre 1955

Theke des Milchladens um 1965

An die staatliche Handelsorganisation (HO) verpachtet, verkauft Pfunds Molkerei auch 1969 weiter Milchprodukte.

sich jetzt an einem Brotaufstrich aus Zuckerrübenschnitzeln.
Während Peter Paul Pfund 1951 seine Prokura niederlegen muss, wacht Ehefrau Johanne Elisabeth Pfund als geschäftsführende Komplementärin – 1954 wird aus der GmbH eine Kommanditgesellschaft – weiter über den Familienbesitz. Für kleine Innovationen reicht die Kraft noch. Anlässlich des 75. Firmenjubiläums im Jahre 1955 schreibt Prokurist Alfred Kurt Sachse –

seit 1908 im Unternehmen und neben dem technischen Leiter Horst Lehmann im Management – in der maschinenschriftlich und handgemalt verfassten Festschrift auf billigem Papier: „Die Belegschaftsstärke ist seit 1945 von 130 Mann Belegschaft auf 236 angestiegen. Der Milchdurchlauf einschließlich der Zukaufsmilch ist bereits im Jahre 1954 auf 16,4 Millionen Liter angestiegen … Eine Speiseeisanlage wurde geschaffen, die Fabrikation von steriler Kaffeesahne in 100 gr-Flaschen aufgenommen, die Joghurt-Produktion erweitert und verbessert …" Dass der Schein trügen kann, wird auf der Titelseite der Behelfs-Festschrift augenscheinlich. Dort schreiten die „Pfund-Zwillinge" – das alte Markenzeichen des Unternehmens – Hand in Hand in aufgehender Sonne über der einst berühmten Dresdner Altstadt-Silhouette mit Frauenkirche und Hausmannsturm des Residenzschlosses – doch diese ist eine Trümmerwüste! Die Speiseeisproduktion wird Pfunds bald danach verboten. Auch die Tage des auf dem Titel platzierten Joghurtmännchens mit dem orientalischen Fez auf dem Kopf sind gezählt.

Hausfrauen drängen sich um 1969 im umgebauten Geschäft.

Einige Jahre später zwingt der von der Sozialistischen Einheitspartei Deutschlands (SED) geleitete Rat des Bezirkes Dresden der Molkerei die Staatsbeteiligung auf. Denn nur so kommt ein privates Unternehmen noch an

Kredite für Investitionen. Am 25. September 1958 stellt die Betriebsleitung dafür den Antrag. Die DDR beteiligt sich im Juni 1960 mit zunächst 450 000 DM und erhöht die Summe mit jeder neuen Kreditaufnahme. Man firmiert nun unter „Dresdner Molkerei Gebrüder Pfund BSB“. BSB steht für Betrieb mit Staatlicher Beteiligung. SED und DDR machen natürlich auch in der Betriebsleitung ihren Einfluss geltend. Der Zwangsbeteiligung folgt die Zwangsfusion mit der Radebeuler Molkerei Gebauer.
1970 wird Dipl.-Ing. (FH) Paul Friedrich Pfund – der Sohn von Peter Paul Pfund studierte ab 1967 Milchwirtschaft in Halberstadt – als Werkleiter der „Dresdner Molkerei Ge-

Gegen das Veto der Denkmalschützer ist die Theke abgebaut worden.

brüder Pfund BSB" eingesetzt. Als Augenzeuge erlebt er nicht nur die Versuche politischer Indoktrination und den deprimierenden sozialistischen Schlendrian, sondern auch den Verlust seines Besitzes. Nachdem am 8. März 1972 die letzte Gesellschafterversammlung tagte, wurde der staatliche Repressionsdruck auf die privaten Anteilseigner immens. Am 9. Februar hatten das Präsidium des Ministerrates und der Ministerrat der DDR u. a. die Enteignung der Betriebe mit staatlicher Beteiligung sowie der privaten Industrie- und Baubetriebe beschlossen. Man drohte den Molkerei-Erben mit Streichung aller finanziellen Mittel, mit Aufwiege-

Eine Farbaufnahme aus den 1970er Jahren zeigt, dass man die Theke in der Trinkhalle aufstellte.

Tristesse rund um den 36 Meter hohen Schornstein zum Ende der DDR, aus der berühmten Molkerei war 1979 ein Betriebsteil des „VEB Geflügelwirtschaft Pirna" geworden.

lung der Mitarbeiter, stempelte sie als Parasiten am „Wohlstand des Sozialismus" ab. Eine allmächtige Staatsmacht vor Augen, die keine Verwaltungsgerichtsbarkeit in Schranken hielt und welche mit Einschaltung der Staatssicherheitsorgane drohte, ließ den Komplementären nichts anderes übrig, als der Überführung ihres Betriebes in Staatsbesitz, ihrer Enteignung, zuzustimmen. Als Almosen erhielten sie die Stammeinlagen zuerkannt. Diese kamen auf ein Sperrkonto, von dem pro Jahr nur ein Bruchteil verfügbar war.

Paul Friedrich Pfund gegenüber dem Autor: „Die erstellte Schlussbilanz nur des Betriebes ohne die 12 Wohngrundstücke vom 30. April 1972 wies eine Summe von 10 274 432,63 Mark der DDR aus. Die Stammeinlagen der sieben Privateigentümer betrugen zusammen 800 545 Mark. Der staatlich eingebrachte Anteil 925 500 Mark. Rund 8,5 Millionen Mark plus der unbewerteten Grundstücke steckte sich der Staat in die eigene Tasche. Erpresserischer Raub unter Androhung von psychischer Gewalt."

Aus der „Dresdner Molkerei Gebrüder Pfund BSB" wurde so zum 1. Mai 1972

Verriegelt und verrammelt. Solch jammervolles Bild bot sich den Dresdnern um 1992.

der „VEB Dresdner Molkerei". Diesen gliederte man zum 1. Januar 1976 als „Werk V" dem „VEB Dresdner Milchwerke" an. Paul Friedrich Pfund, der frühere Besitzer, durfte bis zur Stilllegung des Molkereibetriebes 1978 als Werkleiter bzw. amtierender Direktor weiterarbeiten. Von sozialistischer Produktion für immer geheilt, arbeitete er bis zum Ausscheiden aus dem Berufsleben 1993 gegenüber der Molkerei auf der anderen Seite der Bautzner Straße im Ev.-Luth. Diakonissenkrankenhaus als Bereichsleiter Betriebstechnik.

Das Molkereigelände kam 1979 als „Betriebsteil Dresden" in den Besitz des „VEB Geflügelwirtschaft Pirna", der hier aus Masthähnchen u. a. Wurst und Hühnerklein herstellte, das Federvieh auch pökelte und räucherte. Durch fehlende Werterhaltung in teilweise ruinösem Zustand, wurden einige Gebäude mit Produktionsanlagen abgerissen, umliegende Mietshäuser „leergewohnt".

Der historische Milchladen war seit den 1960er Jahren an die staatliche Handelsorganisation (HO) verpachtet, die hier eine ganz normale Verkaufsstelle unterhielt.

Unbeugsame Erben und Investoren – Retter in letzter Not

Sozialistische Plan- und Misswirtschaft ruinierten eine der größten deutschen Molkereien, ließen deren bauliche Substanz von den Dächern bis zu den Kellern verrotten und entweihten am Ende sogar den Traditionsbetrieb der reinen, weißen Milch durch Zweckentfremdung für ein anderes Gewerbe.

Nur die Engel, Fabelwesen und Putten im Milchladen blickten wie einst auf die Dresdner Kundschaft, welche nach Milch in „Plaste"-Schläuchen, Butter oder Quark anstand. Auf farbigen Fliesen weideten Kühe, spielten Hirten, stolzierten Austrageburschen, hantierten Knaben mit Milchkanne, Flaschen oder Kondensiermaschine, gaukelten Betriebsamkeit wie einst vor. Der Erhalt dieses einzigartigen historischen Geschäfts grenzt heute fast an ein Wunder.

Die erste Rettung leitete in den 1960er Jahren die geschäftsführende Komplementärin Johanne Elisabeth Pfund ein. 1966 plante der Pächter des Ladens, die HO, ein Abhacken, Übertünchen oder Tapezieren dieses „kapitalistischen Kitsches". Kurze Zeit später sollten die Ladentheke und der dahinter befindliche Kühlschrank abgetragen werden. Frau Pfund alarmierte den beim Institut für Denkmalpflege, Arbeitsstelle Dresden, beschäftigten Kunsthistoriker Dr. Fritz Löffler (1899–1988) und dessen Chef Hans Nadler (1910–2005). Im Mai 1966 wurde das Laden-Ensemble

Auch die Medaille, welche Paul Pfund für seine Spitzenprodukte von der Weltausstellung 1891 in London mitbrachte, wurde auf den Fliesenschatz gemalt.

unter Denkmalschutz gestellt. Doch die Begehrlichkeiten, alles zu verändern, blieben. Deshalb machte Arbeitsstellen-Leiter Nadler mit Schreiben vom 24. Mai 1968 u. a. die HO-Bezirksdirektion und die Abteilung Kultur beim Rat der Stadt Dresden nochmals auf den Schutzstatus aufmerksam und bat, von baulichen Veränderungen Abstand zu nehmen. Allen Warnungen zum Trotz verschwand jedoch der Milchbrunnen auf Nimmerwiedersehen.

Seit der friedlichen Revolution vom Herbst 1989, der Erosion des sozialistischen Staatssystems der DDR und dem Beitritt zur Bundesrepublik Deutschland keimte unter den verbliebenen sieben Erben der einstigen „Dresdner Molkerei Gebrüder Pfund GmbH" die Hoffnung auf Rückübertragung und Wiederbelebung des Geschäfts. Noch 1990 erlangten sie ihre alten Besitzrechte zurück. Allerdings gaben die Eigentümer angesichts des Konsumverhaltens ihrer Landsleute nach der Währungsunion – bundesdeutsche Produkte wurden gegen-

1892 – das Jahr der Fertigstellung des „Schönsten Milchladens der Welt"!

über einheimischen in starkem Maße bevorzugt – die Idee einer Revitalisierung des alten Unternehmens in eigener Hand schweren Herzens auf.
In der „Baufinanz in Sachsen GmbH" fanden sie einen Interessenten mit Sinn für die Bewahrung historischen Kulturgutes. Diese kaufte das etwa 14 000 Quadratmeter große Ruinenareal (neun Flurstücke) mit 17 Häusern zuzüglich Nebengebäude und Industrieanlagen an der Bautzner Straße und der Prießnitzstraße am 14. Dezember 1992.
Die zuvor im gleichen Jahr gegründete „Baufinanz in Sachsen GmbH" gehörte zwei Männern: dem aus Güstrow stammenden Dr. Frank Zabel (geb. 1959), der sich nach Diplom-Studium für Informationstechnik an der Technischen Universität Dresden an der Verkehrshochschule „Friedrich List" am gleichen Ort promovierte und ab 1990 als Geschäftsführer des Vereins „baubund Sachsen e.V" beim Aufbau Dresdens engagierte, sowie dem aus Düsseldorf stammenden Bezirksdirektor der Nürnberger Versicherung, Wilfried Hensel (geb. 1957). Nach Abrissarbeiten – ihnen wich auch der 36 Meter hohe Schornstein – und

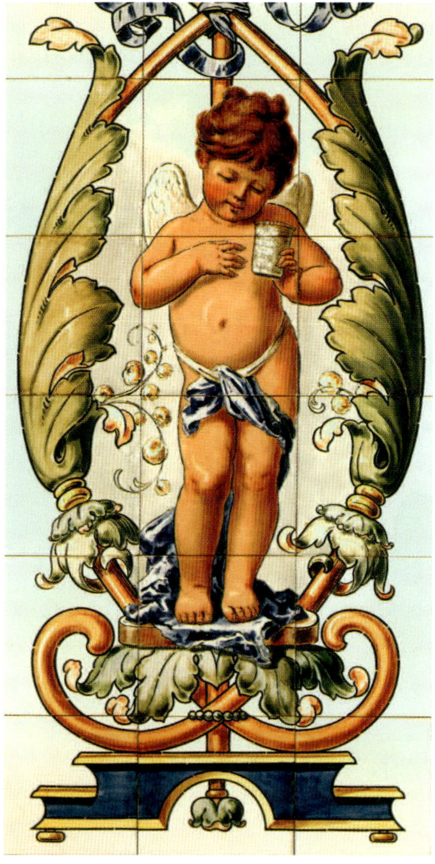

Dieser von einem Putto gehaltene Becher erinnert seit der Restaurierung wieder daran, dass Paul Pfund bereits 1874 als Bauer bei Dippoldiswalde für seine Landwirtschaft geehrt wurde.

dem Weiterverkauf von Grundstücken konnte die Immobilie Bautzner Straße 79 aufwendig saniert werden. Und damit war auch die endgültige Rettung des Juwels aus dem Pfund-Imperium gesichert, das alle Zeiten überdauert hatte: Allein für den Milchladen hat man, obwohl weniger als fünf Prozent der Fliesen erneuert werden mussten, annähernd eine Million DM investiert. Fehlende Fliesen stellte Villeroy & Boch in seinem Werk in Mettlach her. Unter den geschickten Händen von Diplom-Restauratorin Heike Ulbricht (geb. 1962) von der Porzellansammlung der Staatlichen Kunstsammlungen im Dresdner Zwinger und weiteren Experten erhielt der Milchladen seine einstige Pracht zurück. Dafür rückte man zuerst dem leerstehenden, aus Sicherheitsgründen mit Brettern vernagelten Laden mit Dampfstrahlern, Skalpell und Lösungsmittel zu Leibe. Dann sahen die Fachleute die durch Gebrauch, Erschütterung, Temperaturwechsel sowie Um- und Einbauten entstandenen Schäden. Dazu schlimme Salpeterausblühungen, welche sich während der fünfjährigen Schließung des Geschäfts ab 1990 durch mangelndes Lüften und fehlende Heizung gebildet hatten. Abschlagungen und restlos abgenutzte Flächen, durch das Eigengewicht der Säulen entstandene Risse, unsachge-

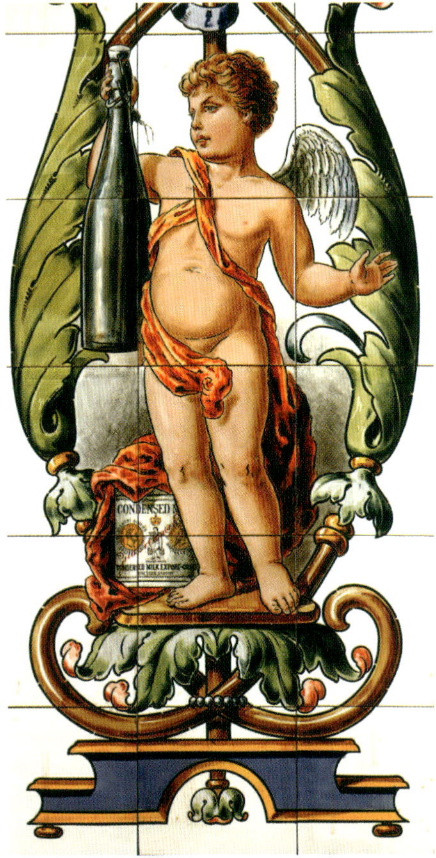

Auch diese Putti – Milchflasche, Kondensmilchdose und Messzylinder haltend – strahlen seit 1996 in alter Pracht von den gefliesten Wänden der „Dresdner Molkerei Gebrüder Pfund GmbH".

mäße Restaurierungsversuche u. a. durch Ausbesserung mit Epoxidharz und Überstreichung mit Ölfarbe, Fliesen-Verluste – all das trat zutage. Mit fundierter Fachkenntnis, Fantasie und Fingerspitzengefühl wurde ein Wunder Dresdens zu neuem Leben erweckt.

Am 16. Oktober 1996 erfolgte unter Anwesenheit des sächsischen Ministerpräsidenten Prof. Kurt Hans Biedenkopf (geb. 1930) und des sächsischen Finanzministers Prof. Georg Milbradt (geb. 1945), dem späteren Ministerpräsidenten des Freistaates, die feierliche Eröffnung des historischen Milchladens.

Seit November 1997 steht er als „Schönster Milchladen der Welt, ausgestattet mit 247,90 Quadratmeter handbemalter Fliesen" (Registriernummer 464098) sogar im Guinness-Buch der Rekorde.

Die etwa zur gleichen Zeit durch die Herren Hensel und Zabel wiedererrichtete „Dresdner Molkerei Gebrüder

Dieser Engel rechts am Eisschrank im Laden wärmt seine Hände in einem Muff.

Pfund GmbH" wurde Betreiber des Ladens. Das Grundstück Bautzner Straße 79 der „Baufinanz in Sachsen GmbH" ging 2009 auf die „Pfunds Immobilien GmbH" mit dem alleinigen Gesellschafter Dr. Zabel über, der seitdem auch die „Dresdner Molkerei Gebrüder Pfund GmbH" besitzt.
Dr. Frank Zabel ist bis heute von seinem Laden fasziniert: „Auch wenn ich alles schon tausende Male gesehen und bewundert habe, entdecke ich noch immer wieder neue Details. Erst kürzlich fiel mir auf, dass ein Engel rechts am Eisschrank seine Hände vor der Kälte per Muff schützt." Mit Begeisterung sammelt er Memorabilien aus der Firmengeschichte, die nach wie vor aus privaten Haushalten und bei Auktionen auftauchen. Zuletzt durfte er sich über eine kleine Kunstguss-Plastik – die „Pfund-Zwillinge" darstellend – mit der Inschrift „Dresdner Molkerei Gebrüder Pfund" aus der Zeit des Jugendstils freuen.

2019 erwarb Dr. Frank Zabel diese Jugendstil-Plastik der „Pfund-Zwillinge".

Willkommen im Schlemmerparadies aus der „guten alten Zeit"!

Öffnet sich die Tür, hält man inne – und staunt, steht fasziniert in einem riesigen, dreidimensionalen Bilderbuch. Zudem im einzigen keimfreien Märchenland. Hier fließen zwar nicht Milch und Honig. Doch man kann sich an frischer Buttermilch laben, an der märchenhaften Ausmalung erbauen, an der laut Schweizer Molkereiriese „Emmi" „besten Käsetheke Deutschlands" (Auszeichnung 2019) Köstlichkeiten auswählen und natürlich Souvenirs erwerben, die Auge, Gaumen oder Haut schmeicheln.
Diese heutige Genusswelt mit Museum, für die man an 362 Tagen im Jahr keinen Eintritt zahlen muss (25.

Pfunds Milchbrunnen erfreut seit 2009 wieder die Besucher. Zu besonderen Anlässen sprudelt sogar Milch aus dem Faunkopf.

und 26. Dezember sowie 1. Januar geschlossen), schuf 1892 der geniale Molkereibesitzer Paul Gustav Leander Pfund als wichtigstes Puzzlestück seiner weitsichtig geplanten Unternehmensstrategie. Eine Art Uralt-Marketing mit Flora und Fauna, spielenden Kindern, properen Putten und weiteren himmlischen Geschöpfen, die sich mit pummeliger Fröhlichkeit alle dem Produkt Milch widmen. Nur noch wenige Läden mit historischer Einrichtung existieren in Deutschland. Doch keiner erreicht das exquisite Niveau, die künstlerische Raffinesse, die kostbare Brillanz, die der Gast im Angesicht Tausender handbemalter Fliesen in „Pfunds Molkerei" betrachten, erleben, genießen darf.

Etwa 200 Käsesorten – bekannte Kreationen und Exoten für Gourmets – können im berühmtesten und schönsten Milchladen der Welt gekauft werden.

Sogar der Milchbrunnen – Reste von Anschlüssen in der Wand beweisen, dass zu bestimmten Anlässen tatsächlich Milch floss – begrüßt wieder Einheimische und Touristen aus aller Welt. Die Auferstehung dieses Kleinods, welches den „schönsten Milchladen der Welt" komplettierte, verdanken wir Diplom-Bildhauer Andreas-Josef Kutsche (geb. 1954) aus Losheim am See im Saarland. U. a. in der Staatlichen Porzellan-Manufaktur Meissen ausgebildet, schuf er den neuen Halbbrunnen. Vorher spürte Kutsche mit fast kriminalistischer Akribie einen mit dem verschollenen Original fast identischen Brunnen auf.

Der Verlust des Brunnens schmerzte Dr. Frank Zabel seit Neueröffnung 1996 sehr: „Seine Umrisse waren noch als Schatten auf den Fliesen zu erahnen. Erbe Paul Friedrich Pfund besaß ein Foto und bewahrte die originale Brunnen-Schildkröte zu Hause auf. Doch das genügte nicht für die Rekonstruktion. Auch das Wissen, dass ein weiterer Halbbrunnen bei der Weltausstellung 1893 in Chicago ausgestellt war, half zuerst nicht weiter."

Bei Villeroy & Boch in Mettlach fand sich davon zwar ein Foto. Doch den Durchbruch schaffte Andreas-Josef Kutsche. Dieser stieß im Ursulinen-Stift der Ortschaft Onze-Lieve-Vrouw-Waver östlich von Mechelen in Belgien auf ein Jugendstil-Paradies. In der Mitte des Wintergartens der Brunnen von Villeroy & Boch – allerdings nicht halb an eine Wand gebaut, sondern als runde Variante mitten im Raum stehend. Hier konnte er die exakten Maße abnehmen und den Brunnen für die „Dresdner Molkerei Gebrüder Pfund GmbH" frei modellieren. Zuerst im Maßstab 1:5, dann in Originalgröße in Ton, wovon die Gipsformen abgenommen wurden. Nach drei Jahren Arbeit konnte der Brunnen im November 2009 eingeweiht werden und an jenem Tag floss erstmals wieder Milch aus dem Faunkopf an der Wand in sein Becken.

Bei etwa 200 Käsesorten – die meisten aus handwerklich-bäuerlicher Produktion regionaler Erzeuger – spüren jährlich Hunderttausende Besucher das Duft-Feuerwerk in der Nase, läuft Touristen aller Kontinente das Wasser im Munde zusammen. Über Jahre haben die Mitarbeiter von Pfund Hofkäsereien und Hofmolkereien besucht, nach den raffiniertesten und schmackhaftesten Käse-Spezialitäten mit gleichbleibend hoher Qualität aus Kuh-, Schaf- und Ziegenmilch in Sachsen, Brandenburg, Thüringen und Sachsen-Anhalt gesucht. Laden-Chefin Ina Stephan (geb. 1966) schätzt sich mit ihren Mitarbeitern glücklich: „Heute können wir sogar Exoten wie ‚Original Würchwitzer Milbenkäse' oder die ‚Dresdner Berle' anbieten."

Natürlich gibt es Camembert, Cheddar oder Edamer. Ob „Höhlen-Greyerzer" aus der Schweiz, der aus Schaf-

und Ziegenmilch komponierte würzige „Casu Sardu", der italienische „Trentingrana", ein Parmesan aus Heumilch, oder der salzig-pikante „Niva Gold" aus Tschechien – hier bleibt kaum ein Wunsch von Käse-Fans offen, kaufen selbst Chefköche von Spitzenhotels, wurde auch schon TV-Moderator Günther Jauch (geb. 1956) bedient.

Die Zeitschrift „Der Feinschmecker" schrieb über das mehrfach ausgezeichnete Geschäft und seine Käsetheke: „Die prunkvolle Molkerei Pfund ist Sinnbild für die Lebenslust der Sachsen".

Abendstimmung über der genussreichsten Touristenattraktion Dresdens

Im Stockwerk darüber, wo einst Patriarch Pfund das Kontor hatte, bietet das verpachtete Café und Restaurant mit 90 Plätzen neben heimischen, nationalen und internationalen Käse-Köstlichkeiten sowie damit korrespondierenden Weinen ein erlesenes Eis-, Gebäck- und Speisenangebot aus dem Land der feinen Kuchen und des Hochgenusses Sachsen an.

Kleine Chronik „Pfunds Molkerei"

1849	18. November: Geburt von Paul Gustav Leander Pfund in Dresden
1873	5. Oktober: Hochzeit mit Sophie Mathilde Zimmermann (1853–1891) in Ruppendorf. Das Paar lebt in Reinholdshain, bekommt sechs Kinder: Wilhelm Albert Kurt (1874–1931), Mathilde Pauline Else (1875–1912), Anna Liddy (1877–1966), Mathilde Bertha (1878–1948), Max Friedrich (1881–1950) und Dorothea Charlotte (1884–1949).
1879	4. Juni: Umzug mit sechs Milchkühen und ebenso vielen Schweinen nach Dresden, „Productenhändler, auch Inhaber einer Milchkuranstalt", Waldgasse 5
1880	Verlagerung des Geschäfts zur Bautznerstraße 41 9. September: „Dresdner Molkerei Gebrüder Pfund", gleichberechtigter Inhaber ist neben Paul Pfund dessen Bruder Friedrich August Pfund (1843–1883)
1881	Geschäftserweiterung Bautznerstraße 41/42
1884	1. September: Eröffnung der ersten Pfund-Filiale am Postplatz 7. November: Paul Pfund erhält das Bürgerrecht der Stadt Dresden.
1887	10. Oktober: Schweinemast Mickten in Betrieb
1888	9. Juni: Start der ersten Kondensmilchfabrik Deutschlands innerhalb der „Dresdner Molkerei Gebrüder Pfund"
1890	1. Oktober: „Krankenkasse Dresdner Molkerei Gebrüder Pfund" gegründet
1891	17. Februar: Bezirksarzt Dr. Hesse übernimmt die Oberaufsicht über die Kindermilch-Abteilung 4. November: Fertigstellung des neuen Hauptgebäudes Bautzner Straße 79
1892	2. Mai: Beginn der Produktion von Milch-Seife Paul Pfund vermählt sich in 2. Ehe mit Babette Spanner (Scheidung 1893)

Pfunds Kondensmilch mit dem patentierten Dosenöffner

November: Das später „schönster Milchladen der Welt" genannte Geschäft mit handbemalten Fliesen von Villeroy & Boch im Hauptgebäude wird eröffnet.

1895 Oktober: Dresden hat 339 517 Einwohner.

„Dresdner Molkerei Gebrüder Pfund" bekommt von 160 Gütern täglich ca. 30 000 Liter Milch geliefert. Das Unternehmen hat 13 Filialen in Dresden sowie Vororten und liefert mit 35 Wagen Milch an Kunden aus.

1896 1. August: Kauf eines landwirtschaftlichen Betriebs in Reinholdshain. Ausbau zum Gut „Molkereihof" mit „Pfunds Muster-Kuhstallungen"

Die „Pfund-Zwillinge" bildeten die Schutzmarke der Molkerei.

Den Briefkopf lieferte 1895 ein grafisches Institut aus Paris.

4. Oktober: Eintragung der Schutzmarke „Gebrüder Pfund" im Markenregister

1897 15. Oktober: Gründung des Männerchores der Molkerei

1898 28. August: Eröffnung von „Pfunds Badeanstalt"

1899 1. Juni: Uniformierung des Pfund'schen Personals

1900 23. Februar: König Albert von Sachsen (1828–1902) ernennt Paul Pfund zum Königlich Sächsischen Kommerzienrat.

Als weltweit erste Molkerei führt man die Dauerpasteurisierung aller Milch nach Dr. Walther Hesse (1846–1911) ein.

1905 Im nordböhmischen Lobositz wird eine eigene Kondensmilchfabrik errichtet.

9. September: 25-jähriges Firmen-Jubiläum: Die Molkerei verfügt über 35 eigene Läden, 60 Wagen mit Führern und ca. 100 Pferden sowie 85 Austragburschen.

1906 24. März: König Friedrich August III. von Sachsen (1865–1932) besucht die „Dresdner Molkerei Gebrüder Pfund".

1914 Zum Fuhrpark gehören 125 Wagen, drei Autos, 125 Gebrauchspferde.

Kutscher Hermann Bläsche liefert um 1915 Pfund-Produkte aus.

Broschüre mit Quark-Rezepten für die deutsche Hausfrau

1. August: Erster Weltkrieg beginnt (Am Ende dieses Krieges, der bis zum 11. November 1918 dauert, hat die Molkerei noch 108 Festangestellte.)

1918 13. November: Sachsens letzter König entsagt dem Thron – Ende der Monarchie

1921 1. Juni: Paul Pfund vermählt sich in 3. Ehe mit Louisa Gustava Frida Schefferling (1881–1973).

1923 4. Juni: Die vom Inhaber geführte „Dresdner Molkerei Gebrüder Pfund" wird GmbH.

10. Juli: Paul Gustav Leander Pfund stirbt in Berlin an Herzinfarkt.

1933 Machtübernahme durch die Nationalsozialisten

1934 16. Juni: Die Molkerei erhält eine Betriebsordnung.

1938 Erreichen der alten Belegschaftsstärke wie vor dem Ersten Weltkrieg: 550 Personen beliefern mit 65 Pferdewagen und 100 Handwagen 58 Filialen und Einzelkunden.

Jahresende: Wegen Verkleinerung des Absatzgebietes Reduzierung der Belegschaft um 220 Personen

Motorkraft löst im 20. Jahrhundert langsam die Pferdekraft ab.

1939 1. September: Ausbruch des Zweiten Weltkrieges. Dresden hat 630 216 Einwohner.

1945 13.–15. Februar: Im Inferno von Dresden werden mindestens 25 000 Menschen getötet. Die „Dresdner Molkerei Gebrüder Pfund GmbH" (130 Mitarbeiter) verliert 35 Filialen.
8. Mai: Einmarsch der Roten Armee, Sowjetische Militäradministration

1949 7. Oktober: Gründung der DDR als Akt endgültiger kommunistischer Machtübernahme

1954 Umwandlung der GmbH in eine Kommanditgesellschaft

1955 9. September: 75-jähriges Firmenjubiläum (236 Mitarbeiter, pro Jahr werden

Pfund-Filiale Kyffhäuserstraße um 1933

16,4 Millionen Liter Milch verarbeitet.)

1960 Juni: Der Molkerei zwängt man die Staatsbeteiligung auf, neue Firmierung „Dresdner Molkerei Gebrüder Pfund BSB".

1966 Der historische Milchladen wird unter Denkmalschutz gestellt.

1972 30. April/1.Mai: Zwangsenteignung, Überführung in Staatseigentum als „VEB Dresdner Molkerei"

1976 1. Januar: Der „VEB Dresdner Molkerei" wird als

„Werk V" dem „VEB Dresdner Milchwerke" unterstellt (Stilllegung von „Werk V" 1978).

1979 Das Molkereigelände kommt als „Betriebsteil Dresden" zum „VEB Geflügelwirtschaft Pirna".

1990 Die Pfund-Erben erhalten durch Restitution ihren zwangsenteigneten Besitz zurück.
3. Oktober: Beitritt zur Bundesrepublik Deutschland, Neugründung des Freistaates Sachsen

1992 14. Dezember: Die „Baufinanz in Sachsen GmbH" er-

Familiengrab Pfund mit der 2014 erneuerten Grabplatte auf dem Trinitatisfriedhof

wirbt das 14000 Quadratmeter große Ruinenareal mit zwölf Häusern von den Erben.

1996 16. Oktober: Feierliche Wiedereröffnung des 1990 geschlossenen und für knapp eine Million DM sanierten historischen Milchgeschäfts nebst Café und Restaurant

1997 November: Unter Registriernummer 464098 Eintragung als „Schönster Milchladen der Welt" ins Guinness Buch der Rekorde

2009 Besitzer des Grundstücks Bautzner Straße 79 ist die „Pfunds Immobilien GmbH" mit dem alleinigen Gesellschafter Dr. Frank Zabel (geb. 1959), dem auch die „Dresdner Molkerei Gebrüder Pfund GmbH" (10 Mitarbeiter) gehört.

2013 21. bis 23. März: Dreharbeiten für die deutsch-US-amerikanische Filmkomödie „Grand Budapest Hotel" von Regisseur Wes Anderson (geb. 1969). Der Milchladen dient als Kulisse für den Innenraum der „Bäckerei Mendl".

Oktober: Buntmetalldiebe stehlen die Grabplatte des Jugendstil-Grabes der Familie Pfund (Quartier III M, Reihe 21, Grab 1, 2, 3, 4) auf dem Dresdner Trinitatisfriedhof. Als Ersatz lässt Nachfahre Paul Friedrich Pfund (geb. 1939) eine Granitplatte anfertigen.

2020 März: Die „Dresdner Molkerei Gebrüder Pfund GmbH" eröffnet neben dem Milchgeschäft in der Bautzner Straße 79 ein Fachgeschäft für Seife.

Quellen

75-Jahrfeier der Dresdner Molkerei Gebrüder Pfund 1880–1955 (Festschrift). – Eigenverlag 1955

Betriebs-Ordnung Dresdner Molkerei Gebrüder Pfund G.m.b.H. – Dresden 1934

Brudny, Viktor: Was ist Yoghurt? Ein Mittel zur Verlängerung des Lebens! – Dresdner Molkerei Gebrüder Pfund Dresden o. J.

Brühl, Christine Gräfin: Pfunds Molkerei. Der historische Ort Nummer 74. – Kai Homilius Verlag Berlin 1999

Dresdner Molkerei Gebrüder Pfund Dresden 1880–1910. Sonderdruck aus dem historisch-biographischen Werk „Das Königreich Sachsen" Kultur, Industrie, Handel und Gewerbe. – Ecksteins biographischer Verlag Berlin 1910

Fest-Nummer der Dresdner Molkerei Gebrüder Pfund zum 25-jährigen Geschäfts-Jubiläum 1880–1905. – Dresdner Molkerei Gebrüder Pfund 20. September 1905

Findeisen, Kurt Arnold: Der Perlenwagen. Bilderbogen einer Kinderzeit. – Union Berlin 1963

Friedel, Kurt; Keller, Arthur: Dresdner Molkerei Gebrüder Pfund, Dresden. In: Deutsche Milchwirtschaft in Wort und Bild. – Carl Marhold Halle a. S. 1914, S. 141–157

Handbuch der großen GmbH, KG, OHG, Einzelfirmen (GmbH-Buch). – Berlin 1944

Helfricht, Jürgen: Die Wettiner. Sachsens Könige, Herzöge, Kurfürsten und Markgrafen. – Sachsenbuch Leipzig 5. Auflage 2012

Helfricht, Jürgen: Kleines Dresden-ABC. – Husum Husum 2. Auflage 2014

Helfricht, Jürgen: Zauberhaftes Dresden. Silhouetten von Elbflorenz. – Husum Husum 2010

Kästner, Erich: Als ich ein kleiner Junge war. – Deutscher Taschenbuch Verlag München 2003

Kommerzienrat Paul Pfund und sein Werk. Die Dresdner Molkerei Gebrüder Pfund g.m.b.H. – Eigenverlag o. J. (1934)

Pfund, Kurt Albert: Die Versorgung großer Städte mit Milch. Dargestellt auf Grund der Verhältnisse in Dresden. Inauguraldissertation der hohen philosophischen Fakultät der Ruprechts-Karls-Universität Heidelberg. – Heidelberg 1896

Pfund, Paul Friedrich: Bei Pfunds war die Milch weißer. – Selbstverlag Dresden 2012

Riedel, Paul: Sachkunde im Milchhandel. – Neumann Radebeul 1950

Schlossmann, Arthur: Ueber die Bedeutung der Milch als Nahrungsmittel. – Abhandlungen der Naturwissenschaftlichen Gesellschaft ISIS in Dresden 1898, S. 33–45

Speisequark und was man daraus machen kann. Ein praktisches Rezeptbuch. – Pfunds Molkerei Dresden o. J.

Statut der Betriebs-(Fabrik)-Krankenkasse der Dresdner Molkerei Gebrüder Pfund. – Pfunds Betriebs-Druckerei Dresden 1904

Wonneberger, Jens: Pfunds Molkerei. Dresdens gläserne Milchfabrik. – be.bra-Verlag Berlin-Brandenburg 1999

Inhalt

Umschlaggestaltung unter Verwendung von Fotos aus dem Buch

Bibliografische Information Der Deutschen Nationalbibliothek

Die Deutsche Nationalbibliothek verzeichnet diese Publikation in der Deutschen Nationalbibliografie; detaillierte bibliografische Daten sind im Internet über http://dnb.dnb.de abrufbar.

Abbildungsnachweis:

Alle Fotos und Reproduktionen von Jürgen Helfricht, außer:
Molkerei Gebrüder Pfund/Werner Lieberknecht Titelseite (1),
Vorsatz und Nachsatz; Molkerei Gebrüder Pfund S. 103

2. Auflage 2023

Gesamtherstellung: Husum Druck- und Verlagsgesellschaft
Postfach 1480, D-25804 Husum – www.verlagsgruppe.de

ISBN 978-3-96717-005-4